고대 한어 스토리텔링

중국 고문에 대한 새로운 학습 방법

| **응용편** |

古代漢語

응용편

고대 한어 스토리텔링

중국 고문에 대한 새로운 학습 방법

박재우 · 임원빈 · 정병윤 · 왕러(王樂) 공저

HUiNE

머리말

한중 간 인적 교류가 연 천만 명 시대를 돌파하고, 한중 문화 교류가 엄청난 폭과 깊이로 이루어지고 있다. 아울러 중국은 중화인민공화국 성립 후 그 어느 시대보다도 고전문화를 중시하고 있다.

우리의 중국 고문 교육은 과거 우리나라 전통적인 한문 공부 방식이나 독음을 한글로 하고 한글로 해석하는 식 위주에서 배우고 나면 바로 현대 중국인들과 소통할 수 있는 방식으로 전환할 때가 되었다고 본다.

본 교재는 이러한 새로운 한중 교류시대의 수요에 부합하기 위해 편찬된 새로운 "고대 한어 스토리텔링" 교재이다. 고대 한어(漢語), 즉 중국 고문을 우리나라의 전통적 주석과 강독 방식에 중국식의 현대 중국어 백화 해석법을 추가하고, 나아가 이들을 스토리텔링 기법을 활용하여 구두어로 응용하여 학습해 나가는 새로운 방식의 중국 고문 학습법으로 국내 최초로 편찬한 교재이다.

여기에서 말하는 스토리텔링이란 전달하고자 하는 내용을 좀 더 설득력 있게, 좀 더 재미있게, 좀 더 감동적으로 와 닿게 하려고 이야기라는 방법을 이용하는 기법을 말한다. 따라서 그 이야기는 원래의 내용과 유사하되 원래의 내용보다 쉽고, 재미있고, 감동적이며, 설득력이 있어야 한다.

본 교재는 고대 한어, 즉 중국 고문을 습득하는 데 있어서의 어려움을 해결하는 동시에 학생들에게 고대 한어의 기본구조와 원문이 가진 깊은 의미를 쉽게 전달하기 위하여 원문에 대한 설명과 더불어 스토리텔링의 기법을 이용한다. 이에 따라 다음의 목표를 설정했다.

첫째, 고대 한어의 입문을 통하여 고대 한어에 대한 기본적인 지식을 알게 한다.

둘째, 고대 한어의 성어나 속담 및 단문과 명편에 대하여 어려운 어휘에 대해 주석을 통해 이해하도록 하고, 아울러 한글로의 번역과 현대 한어(漢語)로의 번역을 통하여 원문을 이해하게 한다.

셋째, 한국과 중국의 문장 중 원문과 유사한 내용을 가진 문장을 찾아 한국어로의 이야기 구성과 중국어로의 이야기 구성을 통하여 원문에 대한 이해를 돕는다.

본 교재는 한국외국어대학교 특성화 사업의 목적으로 박재우 교수가 기획하였으며, 한국외대 소속 교수 박재우, 임원빈, 정병윤 3인이 주로 원문 선정과 한글 주석 등을 맡고, 단국대학교 원어민 교수 왕러가 현대 중국어 번역을 주로 담당하였다. 그리고 학습단계를 구분하여 기초편과 응용편 두 권으로 꾸몄고, 앱 개발을 동시에 진행하여 스마트폰 등 디지털 기재를 이용한 학습도 병행할 수 있도록 만들었다.

이러한 본 교재는 기존 고대 한어, 즉 중국 고문 교재와 달리, 학생들이 어렵다고만 생각하는 고대 한어를 좀 더 편하고 쉽게 학습할 수 있도록 안내자 역할을 할 것이며, 이를 바탕으로 중국 고대 한어로 쓰이진 문장에 대한 지식을 함양하고 아울러 이에 대한 정확하고 심도 있는 이해와 자유로운 활용을 가능하게 할 수 있을 것이다.

이를 통해 중국 고문에 대해 우리말과 현대 한어를 자유로 구사하며 한중 문화 교류의 새로운 시대에 대응하는 능력을 크게 향상시킬 것을 기대해 본다.

2016년 새 봄에 저자 일동

차례

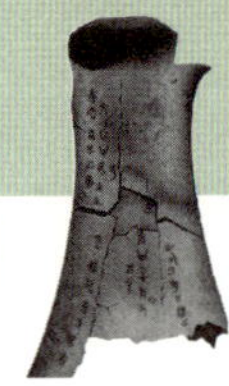

02. 고대 한어(古代漢語) 명편(名篇) 2

古代漢語

01

고대 한어(古代漢語) 명편(名篇) 1

第一章

도화원기(桃花源記) - 도연명(陶淵明)

桃花源記

Táo huā yuán jì

陶淵明(365-427)[1)]

Táo yuān míng

晉太元[2)]中, 武陵[3)]人捕魚爲業. 緣[4)]溪行, 忘路之遠近. 忽逢桃花林,

Jìn Tài yuán zhōng, Wǔ líng rén bǔ yú wéi yè。Yuán xī xíng, wàng lù zhī yuǎn jìn。Hū féng táo huā lín,

夾岸[5)]數百步, 中無雜樹, 芳草鮮美, 落英繽紛, 漁人甚異之. 復前行, 欲窮其林.

jiā àn shù bǎi bù, zhōng wú zá shù, fāng cǎo xiān měi, luò yīng bīn fēn, yú rén shèn yì zhī。Fù qián xíng, yù qióng qí lín。

林盡水源, 便得一山, 山有小口, 仿佛若有光. 便舍船, 從口入.

Lín jìn shuǐ yuán, biàn dé yī shān, shān yǒu xiǎo kǒu, fǎng fú ruò yǒu guāng。Biàn shě chuán, cóng kǒu rù。

初極狹, 才通人. 復行數十步, 豁然[6)]開朗. 土地平曠, 屋舍儼然[7)], 有良田美池桑竹之屬.

Chū jí xiá, cái tōng rén。Fù xíng shù shí bù, huò rán kāi lǎng。Tǔ dì píng kuàng, wū shè yǎn rán, yǒu liáng tián měi chí sāng zhú zhī shǔ。

---

1) 도연명은 이름이 잠(潛)이고, 자는 연명(淵明)이다. 육조(六朝) 동진(東晋)의 전원시인으로 술과 국화를 매우 좋아하였다.
2) 晉太元(진태원) : 동진(東晋) 효무제(孝武帝)의 연호(367~396).
3) 武陵(무릉) : 군명(郡名). 현 무릉산 지역 또는 호남성 상덕(常德) 일대
4) 緣(연) : 좇아서. 따라서.
5) 夾岸(협안) : 언덕을 끼고서.
6) 豁然(활연): 훤히 뚫린 모양. 활짝 트인 모양.
7) 儼然(엄연): 의젓하게 우뚝 서 있는 모습

阡陌[8)]交通, 雞犬相聞. 其中往來種作, 男女衣着, 悉如外人. 黃髮垂髫[9)], 並怡然[10)]自樂.

Qiān mò jiāo tōng, jī quǎn xiāng wén。Qí zhōng wǎng lái zhòng zuò, nán nǚ yī zhuó, xī rú wài rén。Huáng fà chuí tiáo, bìng yí rán zì lè。

見漁人, 乃大驚, 問所從來. 具答之. 便要還家[11)], 設酒殺雞作食. 村中聞有此人, 咸來問訊.

Jiàn yú rén, nǎi dà jīng, wèn suǒ cóng lái。Jù dá zhī。Biàn yāo huán jiā, shè jiǔ shā jī zuò shí。Cūn zhōng wén yǒu cǐ rén, xián lái wèn xùn。

自云先世避秦時亂, 率妻子邑人來此絕境, 不復出焉, 遂與外人間隔.

Zì yún xiān shì bì Qín shí luàn, shuài qī zi yì rén lái cǐ jué jìng, bú fù chū yān, suì yǔ wài rén jiàn gé。

問今是何世, 乃不知有漢, 無論魏晉. 此人一一爲具言所聞, 皆歎惋[12)]. 餘人各復延至[13)]其家, 皆出酒食.

Wèn jīn shì hé shì, nǎi bù zhī yǒu Hàn, wú lùn Wèi Jìn。Cǐ rén yī yī wéi jù yán suǒ wén, jiē tàn wǎn。Yú rén gè fù yán zhì qí jiā, jiē chū jiǔ shí。

停數日, 辭去[14)]. 此中人語[15)]云: "不足[16)]爲[17)]外人道[18)]也."

Tíng shù rì, cí qù。Cǐ zhōng rén yù yún："Bù zú wéi wài rén dào yě。"

---

8) 阡陌(천맥): 논밭 길. 남북으로 난 길을 '천(阡)', 동서로 난 길을 '맥(陌)'이라 한다.
9) 黃髮垂髫(황발수초): 누런 머리와 어린아이의 늘어뜨린 머리. 노인과 어린아이를 말한다. '초(髫)'는 옛날, 어린아이의 길게 땋아 늘어뜨린 머리를 뜻한다.
10) 怡然(이연): 즐거워하는 모양.
11) 便要還家(편요환가) : 곧 초청하여 집으로 가다.
12) 歎惋(탄완): 탄식하다.
13) 延至(연지): ~로 초청하다. '延'은 초빙하다. 청하다.
14) 去(거): 떠나다.
15) 語(어): 알리다.
16) 不足(부족): ~할 것이 못 되다. ~할 가치가 없다.
17) 爲(위): 향하여, 대하여.
18) 道(도): 말하다.

既出, 得其船, 便扶向路[19], 處處志[20]之. 及郡[21]下, 詣太守, 說如此. 太守即遣人隨其往, 尋向所志, 遂迷, 不復得路.

Jì chū, dé qí chuán, biàn fú xiàng lù, chù chù zhì zhī。Jí jùn xià, yì Tài shǒu, shuō rú cǐ。Tài shǒu jí qiǎn rén suí qí wǎng, xún xiàng suǒ zhì, suì mí, bú fù dé lù。

南陽[22]劉子驥[23], 高尚士也, 聞之, 欣然規[24]往. 未果, 尋[25]病終, 後遂無問津[26]者.

Nán yáng Liú zǐ jì, gāo shàng shì yě, wén zhī, xīn rán guī wǎng。Wèi guǒ, xún bìng zhōng, hòu suì wú wèn jīn zhě。

(1) 현대 한어 번역(汉译)

晋朝太元年间, 一个武陵人把捕鱼作为职业。 (有一天)他顺着小溪划船, 忘记了路程的遥远。 忽然遇到(一片)桃花林, 生长在溪水两岸足达到几百步, 中间没有别的树。 花草鲜艳美丽, 坠落的花瓣交错杂乱。 渔人对此感到非常诧异。 又向前划行, 想要走到桃花林的尽头。 桃花林的尽头是溪水的发源地, 于是看到一座山。 山上有个小洞口, 隐隐约约好像有光亮。 (渔人)离开小船, 从洞口进入。

开始非常狭窄, 仅仅能一个人通过。 又向前走了几十步, 眼前一下子开阔敞亮起来。 (呈现在眼前的是)(这里)平坦的土地, 整整齐齐的房屋, 有肥沃的田地、美丽的池塘和桑树竹林这类的景物。 田间小路交错相通, (村落间)

19) 便扶向路(편부향로): 이전 길을 따르다. 부(扶)는 '~를 따라서'. '향(向)'은 '종전의'.
20) 志(지): 표시하다.
21) 郡(군): 태수가 있는 곳. 즉 무릉군(武陵郡)을 가리킴.
22) 南陽(남양): 현재 하남성 남양현(南陽縣).
23) 劉子驥(유자기): 도잠(陶潛), 주속지(周續之)와 더불어 심양삼은(潯陽三隱. 심양 땅 3인의 은자)으로 불린다.
24) 規(규): 계획하다. 작정하다.
25) 尋(심): 머지않아. 곧.
26) 問津(문진) : 나루터를 묻다. 길을 묻다.

互相都能听见鸡鸣狗叫的声音。 在其中人们来来往往耕种劳作，男女的穿戴，全都和桃花源外面的人一样。 老人和小孩，都非常快乐的样子。

(桃花源里面的人)见了渔人，竟然非常吃惊，问(渔人)从哪里来，(渔人)都详尽地回答了。 他们就邀请(渔人)到自己家里去，摆酒杀鸡做饭来款待他。村里的人听说有这样一个人，都来询问打听消息，他们自己说他们的祖先为了躲避秦朝时的战乱，带领妻子和儿女及同县的人来到这与世隔绝的地方，不再从这里出去，于是就与外面的人隔离不通音信。 他们问现在是什么朝代，(桃源里的人)竟然不知道汉朝，更不用说魏晋。 渔人把自己知道的事一一详细地告诉了他们，(他们听了)都感叹，惋惜。 其余的人都各自邀请(渔人)到自己家中，都拿出酒和食物来(款待他)。 渔人停留了几天，就告别离开了。桃花源里的人对他说："(这里的事)不值得对外面的人说。"

他出桃花源后，找到他的船，就沿着之前的路(回去)，(一路上)到处做标记。 到了郡城下(武陵郡城)，拜访了太守，说了在桃花源的奇遇。 太守立即派人跟随他前往，寻找先前所做的标记，最终还是迷失了方向，再也没找到(通往桃花源)路。

南阳的刘子骥，是一个品德高尚的名士。 听说了这件事，高兴地计划要去(探访)。 没有实现(愿望)，不久就病死了。 此后就(再也)没有探访(桃花源)的人了。

Jìn cháo Tài yuán nián jiān, yī ge Wǔ líng rén bǎ bǔ yú zuò wéi zhí yè。(Yǒu yī tiān) tā shùn zhe xiǎo xī huá chuán, wàng jì le lù chéng de yáo yuǎn。Hū rán yù dào (yī piàn) táo huā lín, shēng zhǎng zài xī shuǐ liǎng àn zú dá dào jǐ bǎi bù, zhōng jiān méi yǒu bié de shù。Huā cǎo xiān yàn měi lì, zhuì luò de huā bàn jiāo cuò zá luàn。Yú rén duì cǐ gǎn dào fēi cháng chà yì。Yòu xiàng qián huá xíng, xiǎng yào zǒu dào táo huā lín de jìn tóu。Táo huā lín de jìn tóu shì xī shuǐ de fā yuán dì, yú shì kàn dào yī zuò shān。Shān shang yǒu ge xiǎo dòng kǒu, yǐn yǐn yuē yuē hǎo xiàng yǒu guāng liàng。(Yú rén) lí kāi xiǎo chuán, cóng dòng kǒu jìn rù。

Kāi shǐ fēi cháng xiá zhǎi, jǐn jǐn néng yī ge rén tōng guò。Yòu xiàng qián zǒu le jǐ shí bù, yǎn qián yī xià zi kāi kuò chǎng liàng qǐ lái。(Chéng xiàn zài yǎn qián de shì) (zhè lǐ) píng tǎn de tǔ dì, zhěng zheng qí qí de fáng wū, yǒu féi wò de tián dì 、měi lì de chí táng hé sāng shù zhú lín zhè lèi de jǐng wù。Tián jiān xiǎo lù jiāo cuò xiāng tōng, (cūn luò jiān) hù xiāng dōu néng tīng jiàn jī míng gǒu jiào de shēng yīn。Zài qí zhōng rén men lái lái wǎng

wǎng gēng zhǒng láo zuò, nán nǚ de chuān dài, quán dōu hé táo huā yuán wài miàn de rén yī yàng。Lǎo rén hé xiǎo hái, dōu fēi cháng kuài lè de yàng zi。

(Táo huā yuán lǐ miàn de rén) jiàn le yú rén, jìng rán fēi cháng chī jīng, wèn (yú rén) cóng nǎ li lái, (yú rén) dōu xiáng jìn de huí dá le。Tā men jiù yāo qǐng (yú rén) dào zì jǐ jiā li qù, bǎi jiǔ shā jī zuò fàn lái kuǎn dài tā。Cūn li de rén tīng shuō yǒu zhè yàng yī ge rén, dōu lái xún wèn dǎ tīng xiāo xi, tā men zì jǐ shuō tā men de zǔ xiān wèi le duǒ bì Qín cháo shí de zhàn luàn, dài lǐng qī zi hé ér nǚ jí tóng xiàn de rén lái dào zhè yǔ shì gé jué de dì fang, bú zài cóng zhè lǐ chū qù, yú shì jiù yǔ wài miàn de rén gé lí bù tōng yīn xìn。Tā men wèn xiàn zài shì shén me cháo dài, (táo yuán lǐ de rén) jìng rán bù zhī dào Hàn cháo, gèng bú yòng shuō Wèi jìn。Yú rén bǎ zì jǐ zhī dào de shì yī yī xiáng xì de gào su le tā men, (tā men tīng le) dōu gǎn tàn、wǎn xī。Qí yú de rén dōu gè zì yāo qǐng (yú rén) dào zì jǐ jiā zhōng, dōu ná chū jiǔ hé shí wù lái (kuǎn dài tā) 。Yú rén tíng liú le jǐ tiān, jiù gào bié lí kāi le。Táo huā yuán li de rén duì tā shuō ："(Zhè lǐ de shì) bù zhí dé duì wài miàn de rén shuō。"

Tā chū táo huā yuán hòu, zhǎo dào tā de chuán, jiù yán zhe zhī qián de lù (huí qù), (yī lù shang) dào chù zuò biāo jì。Dào le jùn chéng xià (Wǔ líng jùn chéng), bài fǎng le Tài shǒu, shuō le zài táo huā yuán de qí yù。Tài shǒu lì jí pài rén gēn suí tā qián wǎng, xún zhǎo xiān qián suǒ zuò de biāo jì, zuì zhōng hái shi mí shī le fāng xiàng, zài yě méi zhǎo dào (tōng wǎng táo huā yuán) lù。

Nán yáng de Liú zǐ jì, shì yī ge pǐn dé gāo shàng de míng shì。Tīng shuō le zhè jiàn shì, gāo xìng de jì huá yào qù (tàn fǎng) 。Méi yǒu shí xiàn (yuàn wàng), bù jiǔ jiù bìng sǐ le。Cǐ hòu jiù (zài yě) méi yǒu tàn fǎng (táo huā yuán) de rén le。

(2) 중국어 스토리텔링(汉语 讲故事)

* 중심어 : 어부 - 도화림 - 산굴 - 촌락 - 도화원의 사람들 - 무릉군 태수 - 은사 유자기

(3) 중국어 스토리텔링(汉语 讲故事)

* 중심어(关键词) : 渔人 – 桃花林 – 山洞 – 村落 – 桃花源的人们 – 武陵郡 太守 – 隐士 刘子骥

第二章

난정집서(蘭亭集序) - 왕희지(王羲之)

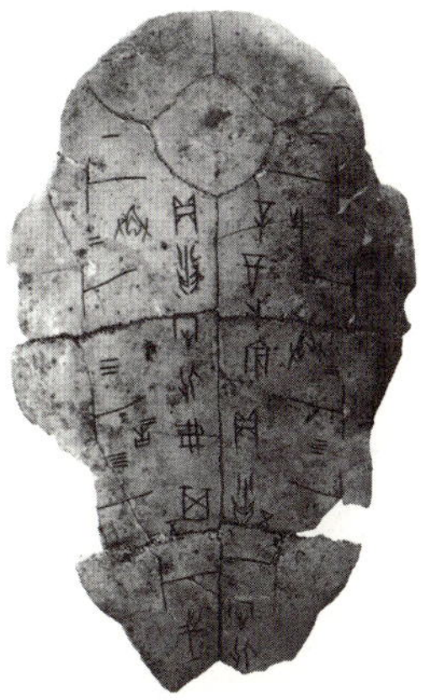

蘭亭集序[1]

Lán tíng jí xù

王羲之(321-379)[2]

Wáng xī zhī

永和[3]九年, 歲在癸丑, 暮春之初, 會於會稽[4]山陰[5]之蘭亭, 修禊[6]事也. 群賢畢至, 少長咸集.

Yǒng hé jiǔ nián, suì zài guǐ chǒu, mù chūn zhī chū, huì yú Kuài jī Shān yīn zhī Lán tíng, xiū xì shì yě。Qún xián bì zhì, shào zhǎng xián jí。

此地有崇山峻嶺, 茂林修竹[7]; 又有淸流激湍[8], 映帶左右, 引以爲流觴曲水, 列坐其次[9]. 雖無絲竹管弦[10]之盛, 一觴一詠, 亦足以暢叙幽情.

Cǐ dì yǒu chóng shān jùn lǐng, mào lín xiū zhú；yòu yǒu qīng liú jī tuān, yìng dài zuǒ yòu, yǐn yǐ wéi liú shāng qū shuǐ, liè zuò qí cì。Suī wú sī zhú guǎn xián zhī shèng, yī shāng yī yǒng, yì zú yǐ chàng xù yōu qíng。

是日也, 天朗氣淸, 惠風和暢, 仰觀宇宙之大, 俯察品類[11]之盛, 所以游目騁懷[12], 足以極視聽之娛, 信可樂也.

Shì rì yě, tiān lǎng qì qīng, huì fēng hé chàng, yǎng guān yǔ zhòu zhī dà, fǔ chá pǐn lèi zhī

---

1) 왕희지(王羲之)를 비롯한 동진(東晋)시기의 문인들이 난정(蘭亭)에서 모여 수계(修禊)하며 지은 시를 엮은 후에 왕희지가 서문으로 지은 글이다.
2) 왕희지는 동진(東晋)시기의 저명한 서예가이다.
3) 永和(영화): 진(晉) 목공(穆公)의 연호(年號).
4) 會稽(회계) : 군(郡) 이름.
5) 山陰(산음) : 현(縣) 이름.
6) 禊修(수계) : 물가에 가서 몸을 씻으며 사악한 것을 제거하려는 풍속.
7) 修竹(수죽): 높게 솟아 있는 대나무.
8) 激湍(격단): 급하게 흐르는 물.
9) 次(차): 옆.
10) 絲竹管弦(사죽관현) : 악기를 가리킴.
11) 品類(품류) : 세상에 있는 수많은 만물의 종류.
12) 騁懷(빙회) : 흉금을 달리다. 속마음을 털어놓다.

shèng, suǒ yǐ yóu mù chěng huái, zú yǐ jí shì tīng zhī yú, xìn kě lè yě。

夫人之相與, 俯仰一世, 或取之於懷抱, 悟言[13]一室之內; 或因寄所托, 放浪形骸[14]之外.

Fú rén zhī xiāng yǔ, fǔ yǎng yī shì, huò qǔ zhū huái bào, wù yán yī shì zhī nèi；huò yīn jì suǒ tuō, fàng làng xíng hái zhī wài。

雖趣捨[15]萬殊, 靜躁[16]不同, 當其欣於所遇, 暫得於己, 快然自足, 不知老之將至.

Suī qù shě wàn shū, jìng zào bù tóng, dāng qí xīn yú suǒ yù, zàn dé yú jǐ, kuài rán zì zú, bù zhī lǎo zhī jiāng zhì。

及其所之既倦, 情隨事遷, 感慨系之矣. 向[17]之所欣, 俯仰[18]之間, 已爲陳迹, 猶不能不以之興懷.

Jí qí suǒ zhī jì juàn, qíng suí shì qiān, gǎn kǎi xì zhī yǐ。Xiàng zhī suǒ xīn, fǔ yǎng zhī jiān, yǐ wéi chén jì, yóu bù néng bù yǐ zhī xīng huái。

况修短[19]隨化, 終期於盡. 古人云："死生亦大矣." 豈不痛哉!

Kuàng xiū duǎn suí huà, zhōng qī yú jìn。Gǔ rén yún:"Sǐ shēng yì dà yǐ。" Qǐ bù tòng zāi!

每覽昔人興感之由, 若合一契[20], 未嘗不臨文嗟悼[21], 不能喻之於懷.

Měi lǎn xī rén xìng gǎn zhī yóu, ruò hé yī qì, wèi cháng bù lín wén jiē dào, bù néng yù zhī yú huái。

---

13) 悟言(오언) : 서로 마주보며 이야기하다. 悟 = 晤(마주하다.)
14) 形骸(형해) : 몸. 육체.
15) 趣捨(취사) : 취하는 것과 버리는 것. 좋아하는 것과 좋아하지 않는 것.
16) 靜躁(정조) : 조용함과 소란스러움의 행동.
17) 向(향) : 이전, 과거.
18) 俯仰(부앙) : 내려 보고 올려보다, 즉 짧은 시간.
19) 修短(수단) : 수명의 길고 짧은 것.
20) 契(계) : 고대의 신물, 여기에서는 글로 쓴 약속이나 계약.
21) 嗟悼(차도) : 탄식하고 슬퍼하다.

固知一死生爲虛誕, 齊彭殤[22]爲妄作. 後之視今, 亦猶今之視昔. 悲夫!

Gù zhī yī sǐ shēng wéi xū dàn, qí péng shāng wéi wàng zuò。Hòu zhī shì jīn, yì yóu jīn zhī shì xī。Bēi fú!

故列叙时人, 錄其所述, 雖世殊事異, 所以興懷, 其致一也.

Gù liè xù shí rén, lù qí suǒ shù, suī shì shū shì yì, suǒ yǐ xīng huái, qí zhì yī yě。

後之覽者, 亦將有感於斯文.

Hòu zhī lǎn zhě, yì jiāng yǒu gǎn yú sī wén。

(1) 현대 한어 번역(汉译)

永和九年, 即癸丑年, 三月之初, (名士们)在会稽郡山阴县的兰亭聚会, 为的是到水边进行消灾求福的活动。 许多有声望有才气的人都来了, 有年轻的, 也有年长的。 这里有高大的山和险峻的岭, 有茂密的树林和高高的竹子, 又有清水急流, (在亭的)左右辉映环绕。 把水引到(亭中)的环形水渠里来, 让酒杯飘流水上(供人们取饮)。 人们在曲水旁边排列而坐, 虽然没有管弦齐奏的盛况, (可是)一边饮酒一边赋诗, 也足以痛快地表达各自幽雅的情怀。 这一天, 天气晴朗, 和风轻轻吹来。 向上看, 天空广大无边, 向下看, 地上事物如此繁多, 这样来纵展眼力, 开阔胸怀, 穷尽视和听的享受, 实在快乐啊!

人们彼此相处, 一生很快就度过。 有的人喜欢讲自己的志趣抱负, 在室内(跟朋友)面对面地交谈；有的人就着自己所爱好的事物寄托情怀, 不受任何约束, 放纵地生活。 尽管人们的爱好千差万别, 或好静, 或好动, 也不相同, (可是又都有这样的体验)当他们对所接触的事物感到高兴时, 一时间很自得, 快乐而自足, 竟不觉得衰老即将到来；待到对于自己所喜爱的事物感到厌倦,

22) 彭殤(팽상) : 고대 800살을 살았다는 인물 彭祖와 어려서 죽었다는 의미, 여기에서는 장수와 요절.

心情随着当前的境况而变化，感慨油然而生，以前感到欢快的事顷刻之间变为陈迹了，仍然不能不因此感慨不已，何况人寿的长短随着造化而定，最后一切都化为乌有。古人说：“死和生也是件大事啊!”怎能不悲痛呢?

每当我看到前人发生感慨的原由，(跟我所感慨的)如同符契那样相合，总是面对着(他们的)文章而嗟叹感伤，心里又不明白为什么会这样。(我)这才知道，把生和死同等看待是荒诞的，把长寿和短命同等看待是妄造的。后人看待今天，也像今人看待从前一样，真是可悲啊!

因此我一一记下参加这次聚会的人，抄录了他们的诗作。尽管时代不同情况不同，但人们的情致却是一样的。后代的读者读这本诗集也将有感于生死这件大事吧。

Yǒng hé jiǔ nián, jí guǐ chǒu nián, sān yuè zhī chū, (míng shì men)zài huì jī jùn shān yīn xiàn de lán tíng jù huì, wèi de shì dào shuǐ biān jìn xíng xiāo zāi qiú fú de huó dòng。Xǔ duō yǒu shēng wàng yǒu cái qì de rén dōu lái le, yǒu nián qīng de, yě yǒu nián zhǎng de。Zhè lǐ yǒu gāo dà de shān hé xiǎn jùn de lǐng, yǒu mào mì de shù lín hé gāo gāo de zhú zi, yòu yǒu qīng shuǐ jí liú, (zài tíng de)zuǒ yòu huī yìng huán rào。Bǎ shuǐ yǐn dào (tíng zhōng)de huán xíng shuǐ qú lǐ lái, ràng jiǔ bēi piāo liú shuǐ shang (gòng rén men qǔ yǐn)。Rén men zài qǔ shuǐ páng biān pái liè ér zuò, suī rán méi yǒu guǎn xián qí zòu de shèng kuàng, (kě shì)yī biān yǐn jiǔ yī biān fù shī, yě zú yǐ tòng kuài de biǎo dá gè zì yōu yǎ de qíng huái。Zhè yī tiān, tiān qì qíng lǎng, hé fēng qīng qīng chuī lái。Xiàng shàng kàn, tiān kōng guǎng dà wú biān, xiàng xià kàn, dì shang shì wù rú cǐ fán duō, zhè yàng lái zòng zhǎn yǎn lì, kāi kuò xiōng huái, qióng jìn shì hé tīng de xiǎng shòu, shí zài kuài lè ā !

Rén men bǐ cǐ xiāng chǔ, yī shēng hěn kuài jiù dù guò。Yǒu de rén xǐ huan jiǎng zì jǐ de zhì qù bào fù, zài shì nèi (gēn péng you) miàn duì miàn de jiāo tán ；yǒu de rén jiù zhe zì jǐ suǒ ài hào de shì wù jì tuō qíng huái, bú shòu rèn hé yuē shù, fàng zòng dì shēng huó。Jǐn guǎn rén men de ài hào qiān chā wàn bié, huò hào jìng, huò hào dòng, yě bù xiāng tóng, (kě shì yòu dōu yǒu zhè yàng de tǐ yàn) dāng tā men duì suǒ jiē chù de shì wù gǎn dào gāo xìng shí, yī shí jiān hěn zì dé, kuài lè ér zì zú, jìng bù jué de shuāi lǎo jí jiāng dào lái ; dài dào duì yú zì jǐ suǒ xǐ ài de shì wù gǎn dào yàn juàn, xīn qíng suí zhe dāng qián de jìng kuàng ér biàn huà, gǎn kǎi yóu rán ér shēng, yǐ qián gǎn dào huān kuài de shì qǐng kè zhī jiān biàn wéi chén jì le, réng rán bù néng bù yīn cǐ gǎn kǎi bù yǐ, hé kuàng rén shòu de cháng duǎn suí zhe zào huà ér dìng, zuì hòu yī qiè dōu huà wéi wū yǒu。Gǔ rén shuō :“Sǐ hé shēng yě shì jiàn dà shì ā !”Zěn néng bù bēi tòng ne?

Měi dāng wǒ kàn dào qián rén fā shēng gǎn kǎi de yuán yóu, (gēn wǒ suǒ gǎn kǎi de) rú tóng fú qì nà yàng xiàng hé, zǒng shì miàn duì zhe (tā men de) wén zhāng ér jiē tàn gǎn shāng, xīn li yòu bù míng bai wèi shén me huì zhè yàng。(Wǒ) zhè cái zhī dào, bǎ shēng hé sǐ tóng děng kàn dài shì huāng dàn de, bǎ cháng shòu hé duǎn mìng tóng děng kàn dài shì wàng zào de。Hòu rén kàn dài jīn tiān, yě xiàng jīn rén kàn dài cóng qián yī yàng, zhēn shì kě bēi ā !

Yīn cǐ wǒ yī yī jì xià cān jiā zhè cì jù huì de rén, chāo lù le tā men de shī zuò。Jǐn guǎn shí dài bù tóng qíng kuàng bù tóng, dàn rén men de qíng zhì què shì yī yàng de。Hòu dài de dú zhě dú zhè běn shī jí yě jiāng yǒu gǎn yú shēng sǐ zhè jiàn dà shì ba。

(2) 한국어 스토리텔링(韩语 讲故事)

* 중심어 : 난정의 산수 - 수계(修禊)의 행사 - 자연에 대한 감상 - 삶과 죽음에 대한 감개 - 영원한 문학

(3) 중국어 스토리텔링(汉语 讲故事)

* 중심어(關鍵詞) : 兰亭的山水 – 修禊事 – 对自然的欣赏 – 对死生的感慨 – 永远的文学

第三章

사설(師說)
- 한유(韓愈)

師說

Shī shuō

韓愈(768-824)[1)]

Hán yù

古之學者必有師. 師者, 所以傳道[2)]受業[3)]解惑也. 人非生而知之者, 孰能無惑?

Gŭ zhī xué zhě bì yǒu shī。Shī zhě, suǒ yǐ chuán dào shòu yè jiě huò yě。Rén fēi shēng ér zhī zhī zhě, shú néng wú huò?

1) 한유는 당송팔대가(唐宋八大家)의 한 사람으로, 자는 퇴지(退之)이며 고문운동을 주창하였다.
2) 傳道(전도) : 스승이 제자에게 도를 전하다. 여기서 말하는 도는 유가의 도, 즉 인간으로서 마땅히 행해야 하는 도리를 말한다.
3) 受業(수업): '수(受)'는 '수(授)'와 통하여 '전수하다'는 뜻이다. '업(業)'은 고대의 경(經), 사(史), 제자(諸子)의 학업을 말한다.

惑而不從師, 其爲惑也, 終不解矣. 生乎吾前, 其聞道也, 固先乎吾, 吾從而師之；生乎吾後, 其聞道也亦先乎吾, 吾從而師之.

Huò ér bù cóng shī, qí wéi huò yě, zhōng bù jiě yǐ。Shēng hū wú qián, qí wén dào yě gù xiān hū wú, wú cóng ér shī zhī；shēng hū wú hòu, qí wén dào yě yì xiān hū wú, wú cóng ér shī zhī。

吾師道也, 夫庸[4]知其年之先後生於吾乎?是故無貴無賤, 無長無少, 道之所存, 師之所存也.

Wú shī dào yě, fú yōng zhī qí nián zhī xiān hòu shēng yú wú hū? Shì gù wú guì wú jiàn, wú zhǎng wú shào, dào zhī suǒ cún, shī zhī suǒ cún yě。

嗟乎! 師道之不傳也久矣!欲人之無惑也難矣!

Jiē hū! Shī dào zhī bù chuán yě jiǔ yǐ! Yù rén zhī wú huò yě nán yǐ!

古之聖人, 其出人[5]也遠矣, 猶且從師而問焉；今之衆人, 其下聖人也亦遠矣, 而恥學於師. 是故聖益聖, 愚益愚.

Gǔ zhī shèng rén, qí chū rén yě yuǎn yǐ, yóu qiě cóng shī ér wèn yān；jīn zhī zhòng rén, qí xià shèng rén yě yì yuǎn yǐ, ér chǐ xué yú shī。Shì gù shèng yì shèng, yú yì yú。

聖人之所以爲聖, 愚人之所以爲愚, 其皆出於此乎?

Shèng rén zhī suǒ yǐ wéi shèng, yú rén zhī suǒ yǐ wéi yú, qí jiē chū yú cǐ hū?

愛其子, 擇師而教之；於其身也, 則恥師[6]焉, 惑矣. 彼童子之師, 授之書而習其句讀[7]者, 非吾所謂傳其道, 解其惑者也.

Ài qí zǐ, zé shī ér jiāo zhī；yú qí shēn yě, zé chǐ shī yān, huò yǐ。Bǐ tóng zǐ zhī shī, shòu zhī shū ér xí qí jù dòu zhě, fēi wú suǒ wèi chuán qí dào jiě qí huò zhě yě。

---

4) 夫庸(부용) : '부'는 발어사. '용'은 '어찌'의 의미.
5) 出人(출인) : 보통 사람보다 뛰어나다.
6) 恥師(치사) : 스승으로 모시는 것을 부끄럽게 여기다.
7) 句讀(구독) : 구절을 끊어 읽기 하는 것.

句讀之不知, 惑之不解, 或師焉, 或不焉, 小學而大遺[8], 吾未見其明也. 巫醫樂師百工之人, 不恥相師.

Jù dòu zhī bù zhī, huò zhī bù jiě, huò shī yān, huò bù yān, xiǎo xué ér dà yí, wú wèi jiàn qí míng yě。Wū yī yuè shī bǎi gōng zhī rén, bù chǐ xiāng shī。

士大夫之族, 曰師曰弟子云者, 則群聚而笑之. 問之, 則曰 : "彼與彼年相若[9]也, 道相似也.

Shì dà fū zhī zú, yuē shī yuē dì zǐ yún zhě, zé qún jù ér xiào zhī。Wèn zhī, zé yuē : "Bǐ yǔ bǐ nián xiāng ruò yě, dào xiāng sì yě。

位卑則足羞, 官盛則近諛." 嗚呼!師道之不復可知矣. 巫醫樂師百工之人, 君子不齒[10], 今其智乃反不能及, 其可怪也歟!

wèi bēi zé zú xiū, guān shèng zé jìn yú。" Wū hū! Shī dào zhī bú fù kě zhī yǐ。Wū yī yuè shī bǎi gōng zhī rén, jūn zǐ bù chǐ, jīn qí zhì nǎi fǎn bù néng jí, qí kě guài yě yú!

聖人無常師. 孔子師郯子[11]、萇弘[12]、師襄[13]、老聃[14]. 郯子之徒, 其賢不及孔子. 孔子曰 : "三人行, 則必有我師."

Shèng rén wú cháng shī。Kǒng zǐ shī Tán zǐ、Cháng hóng、Shī xiāng、Lǎo dān。Tán zǐ zhī tú, qí xián bù jí Kǒng zǐ。Kǒng zǐ yuē : "Sān rén xíng, zé bì yǒu wǒ shī。"

是故弟子不必不如師, 師不必賢於弟子, 聞道有先後, 術業有專攻, 如是而已.

Shì gù dì zǐ bú bì bù rú shī, shī bú bì xián yú dì zǐ, wén dào yǒu xiān hòu, shù yè yǒu zhuān gōng, rú shì ér yǐ。

---

8) 小學而大遺(소학이대유) : 작은 것을 배우고 큰 것을 잃는다.
9) 年相若(년상약) : 나이가 서로 비슷하다.
10) 군자는 그런 직종의 사람들을 멸시한다. 군자에는 두 가지 의미가 있다. 하나는 지위가 높은 사람, 또 하나는 덕망이 높은 사람이다. 여기서는 전자의 의미로, 사대부에 해당한다. '치(齒)'는 '동류(同類)로 삼다'.
11) 郯子(담자) : 춘추시대 담국(郯國)의 왕. 공자가 그에게 고대 제왕의 관직명을 물었다.
12) 萇弘(장홍) : 동주(東周) 경왕(敬王) 때의 대부. 공자가 그에게 악(樂)을 물었다.
13) 師襄(사양) : '사(師)'는 악사(樂師). '양(襄)'은 춘추시대 노나라의 악관(樂官). 공자가 그에게 금(琴) 연주를 배웠다.
14) 老聃(노담) : 노자(老子). '담'은 노자의 자(字).

李氏子蟠, 年十七, 好古文, 六藝[15]經傳[16]皆通習之, 不拘於時, 學於余. 余嘉[17]其能行古道, 作師說以貽之.

Lǐ shì zǐ Pán, nián shí qī, hào gǔ wén, liù yì jīng zhuàn jiē tōng xí zhī, bù jū yú shí, xué yú yú。Yú jiā qí néng xíng gǔ dào, zuò shī shuō yǐ yí zhī。

(1) 현대 한어 번역(汉译)

古代求学的人一定有老师。 老师, 是(可以)依靠来传授道理、教授学业、解答疑难问题的。 人不是生下来就懂得道理的, 谁能没有疑惑?(有了)疑惑, 如果不跟从老师(学习), 那些成为疑难问题的, (就)最终不能理解了。 生在我前面, 他懂得道理本来(就)早于我, 我(应该)跟从(他)把他当作老师; 生在我后面, (如果)他懂得的道理也早于我, 我(也应该)跟从(他)把他当作老师。我(是向他)学习道理啊, 哪管他的生年比我早还是比我晚呢? 因此, 无论(地位)高低贵贱, 无论(年纪)大小, 道理存在的地方, 就是老师存在的地方, 唉, (古代)从师(学习)的风尚不流传已经很久了, 想要人没有疑惑难啊!古代的圣人, 他们超出一般人很远, 尚且跟从老师而请教; 现在的一般人, 他们(的才智)低于圣人很远, 却以向老师学习为耻。 因此圣人(就)更加圣明, 愚人(就)更加愚昧。圣人之所以(能)成为圣人, 愚人之所以(能)成为愚人, 大概都出于这(原因)吧?

(人们)爱他们的孩子, (就)选择老师来教他, (但是)对于他自己呢, 却以跟从老师(学习)为可耻, (真是)糊涂啊!那些孩子们的老师, 是教他们(读)书, (帮助他们)学习断句的, 不是我所说的(能)传授那些(大)道理, 解答那些疑难问题的。 (一方面)不通晓句读, (另一方面)不能解决疑惑, 有的(句读)向老师学习, 有的(疑惑)却不向老师学习; 小的方面倒要学习, 大的方面(反而)放弃(不学),

---

15) 六藝(육예) : 육경(六經), 즉 『시(詩)』, 『서(書)』, 『예(禮)』, 『악(樂)』, 『역(易)』, 『춘추(春秋)』. 이중 『악(樂)』은 전하지 않는다.

16) 經傳(경전) : '경(經)'은 양한(兩漢) 및 그 이전의 산문을 말하고, '전(傳)'은 경(經)을 풀이한 것을 말한다.

17) 嘉(가) : 칭찬하다.

我没看出那种人是明智的。巫医乐师和各种工匠这些人，不以互相学习为耻。士大夫这类人，(听到)称“老师”称“弟子”的，就成群聚在一起讥笑人家。问他们(为什么讥笑)，就说：“他和他年龄差不多，道德学问也差不多，(以)地位低(的人为师)，就觉得羞耻，(以)官职高(的人为师)，就近乎谄媚了。”

唉！(古代那种)跟从老师学习的风尚不能恢复，(从这些话里就)可以明白了。巫医乐师和各种工匠这些人，君子们不屑一提，现在他们的见识竟反而赶不上(这些人)，真是令人奇怪啊！圣人没有固定的老师。孔子(曾)以郯子、苌弘、师襄、老聃为师。郯子这些人，他们的贤能(都)比不上孔子。孔子说：“三个人一起走，(其中)一定有(可以当)我的老师(的人)。”因此学生不一定不如老师，老师不一定比学生贤能，听到的道理有早有晚，学问技艺各有专长，如此罢了。

李家的孩子蟠，年龄十七，喜欢古文，六经的经文和传文都普遍地学习了，不受时俗的拘束，向我学习。我赞许他能够遵行古人(从师)的途径，写(这篇)《师说》来赠送他。

Gǔ dài qiú xué de rén yī dìng yǒu lǎo shī。Lǎo shī, shì (kě yǐ) yī kào lái chuán shòu dào lǐ 、jiào shòu xué yè 、jiě dá yí nán wèn tí de。Rén bú shì shēng xià lái jiù dǒng dé dào lǐ de, shuí néng méi yǒu yí huò?(Yǒu le) yí huò, rú guǒ bù gēn cóng lǎo shī (xué xí), nà xiē chéng wéi yí nán wèn tí de, (jiù) zuì zhōng bù néng lǐ jiě le。Shēng zài wǒ qián miàn, tā dǒng dé dào lǐ běn lái (jiù) zǎo yú wǒ, wǒ (yīng gāi) gēn cóng (tā) bǎ tā dàng zuò lǎo shī ; shēng zài wǒ hòu miàn, (rú guǒ) tā dǒng dé de dào lǐ yě zǎo yú wǒ, wǒ (yě yīng gāi) gēn cóng (tā) bǎ tā dàng zuò lǎo shī。Wǒ (shì xiàng tā) xué xí dào lǐ ā, nǎ guǎn tā de shēng nián bǐ wǒ zǎo hái hái shi bǐ wǒ wǎn ne? Yīn cǐ, wú lùn (dì wèi) gāo dī guì jiàn, wú lùn (nián jì) dà xiǎo, dào lǐ cún zài de dì fang, jiù shì lǎo shī cún zài de dì fang, āi, (gǔ dài) cóng shī (xué xí) de fēng shàng bù liú chuán yǐ jīng hěn jiǔ le, xiǎng yào rén méi yǒu yí huò nán ā ! Gǔ dài de shèng rén, tā men chāo chū yī bān rén hěn yuǎn, shàng qiě gēn cóng lǎo shī ér qǐng jiào ; xiàn zài de yī bān rén, tā men (de cái zhì) dī yú shèng rén hěn yuǎn, què yǐ xiàng lǎo shī xué xí wéi chǐ。Yīn cǐ shèng rén (jiù) gèng jiā shèng míng, yú rén (jiù) gèng jiā yú mèi。Shèng rén zhī suǒ yǐ (néng) chéng wéi shèng rén, yú rén zhī suǒ yǐ (néng) chéng wéi yú rén, dà gài dōu chū yú zhè (yuán yīn) ba?

(Rén men) ài tā men de hái zi, (jiù) xuǎn zé lǎo shī lái jiāo tā, (dàn shì) duì yú tā zì jǐ ne, què yǐ gēn cóng lǎo shī (xué xí) wéi kě chǐ, (zhēn shì) hú tú ā ! Nà xiē hái zi men de lǎo shī, shì jiāo tā men (dú) shū, (bāng zhù tā men) xué xí duàn jù de, bú shì wǒ suǒ shuō de (néng) chuán shòu nà xiē (dà) dào lǐ, jiě dá nà xiē yí nán wèn tí de。(Yī fāng miàn) bù tōng xiǎo jù dú, (lìng yī fāng miàn) bù néng jiě jué yí huò, yǒu de (jù dú) xiàng lǎo shī xué xí, yǒu de (yí huò) què bú xiàng lǎo shī xué xí ；xiǎo de fāng miàn dǎo yào xué xí, dà de fāng miàn (fǎn ér) fàng qì (bù xué), wǒ méi kàn chū nà zhǒng rén shì míng zhì de。Wū yī yuè shī hé gè zhǒng gōng jiàng zhè xiē rén, bù yǐ hù xiāng xué xí wéi chǐ。Shì dà fū zhè lèi rén, (tīng dào) chēng "lǎo shī "chēng "dì zǐ "de, jiù chéng qún jù zài yī qǐ jī xiào rén jiā。Wèn tā men (wèi shén me jī xiào), jiù shuō : "Tā hé tā nián líng chà bu duō, dào dé xué wèn yě chà bu duō, (yǐ) dì wèi dī (de rén wéi shī), jiù jué de xiū chǐ, (yǐ) guān zhí gāo (de rén wéi shī), jiù jìn hū chǎn mèi le。"

Ài! (Gǔ dài nà zhǒng) gēn cóng lǎo shī xué xí de fēng shàng bù néng huī fù, (cóng zhè xiē huà lǐ jiù) kě yǐ míng bai le。Wū yī yuè shī hé gè zhǒng gōng jiàng zhè xiē rén, jūn zǐ men bú xiè yī tí, xiàn zài tā men de jiàn shí jìng fǎn ér gǎn bú shàng (zhè xiē rén), zhēn shì lìng rén qí guài ā ! Shèng rén méi yǒu gù dìng de lǎo shī。Kǒng zǐ (céng) yǐ Tán zǐ 、Cháng hóng 、Shī xiāng 、Lǎo dān wéi shī。Tán zǐ zhè xiē rén, tā men de xián néng (dōu) bǐ bu shàng Kǒng zǐ。Kǒng zǐ shuō : "sān ge rén yī qǐ zǒu, (qí zhōng) yī dìng yǒu (kě yǐ dāng) wǒ de lǎo shī (de rén)。" Yīn cǐ xué sheng bù yī dìng bù rú lǎo shī, lǎo shī bù yī dìng bǐ xué sheng xián néng, tīng dào de dào lǐ yǒu zǎo yǒu wǎn, xué wèn jì yì gè yǒu zhuān cháng, rú cǐ bà le。

Lǐ jiā de hái zi pán, nián líng shí qī, xǐ huan gǔ wén, liù jīng de jīng wén hé chuán wén dōu pǔ biàn de xué xí le, bú shòu shí sú de jū shù, xiàng wǒ xué xí。Wǒ zàn xǔ tā néng gòu zūn xíng gǔ rén (cóng shī) de tú jìng, xiě (zhè piān)《Shī shuō》lái zèng sòng tā。

2) 한국어 스토리텔링(韩语 讲故事)

* 중심어 : 스승의 임무 - 스승의 표준 - 스승을 모시고 공부하는 기풍 - 성인의 스승 - 이반

3) 중국어 스토리텔링(汉语 讲故事)

* 중심어(关键词) : 老师的任务 – 老师的标准 – 从师学习的风尚 – 圣人的老师 – 李蟠

第四章

포사자설(捕蛇者說) - 유종원(柳宗元)

捕蛇者說

Bǔ shé zhě shuō

柳宗元(773-819)[1)]

Liǔ zōng yuán

永州之野產異蛇, 黑質[2)]而白章[3)]；觸草木, 盡死；以嚙人, 無禦[4)]之者.

Yǒng zhōu zhī yě chǎn yì shé, hēi zhì ér bái zhāng；chù cǎo mù, jìn sǐ；yǐ niè rén, wú yù zhī zhě。

1) 유종원은 당대(唐代)의 저명한 문장가이며 당송팔대가(唐宋八大家)의 한 사람이다.
2) 質(질) : 바탕, 즉 몸을 가리킴.
3) 章(장) : 무늬.
4) 禦(어) : 막아내다. 방어하다.

然得而腊之以爲餌, 可以已大風[5]、攣踠[6]、瘻[7]、癘[8], 去死肌, 殺三蟲[9].

Rán dé ér là zhī yǐ wéi ěr, kě yǐ yǐ Dà fēng 、Luán wǎn、Lòu、Lì, qù sǐ jī, shā sān chóng。

其始, 太醫以王命聚之, 歲賦其二, 募有能捕之者, 當[10]其租入. 永之人爭奔走焉.

Qí shǐ, Tài yī yǐ wáng mìng jù zhī, suì fù qí èr, mù yǒu néng bǔ zhī zhě, dāng qí zū rù。Yǒng zhī rén zhēng bēn zǒu yān。

有蔣氏者, 專其利三世矣. 問之, 則曰 : "吾祖死於是, 吾父死於是. 今吾嗣爲之十二年, 幾死者數[11]矣." 言之, 貌若甚戚者.

Yǒu jiǎng shì zhě, zhuān qí lì sān shì yǐ。Wèn zhī, zé yuē : "Wú zǔ sǐ yú shì, wú fù sǐ yú shì。Jīn wú sì wéi zhī shí èr nián, jǐ sǐ zhě shuò yǐ。"Yán zhī, mào ruò shèn qī zhě。

余悲之, 且曰 : "若毒之乎?余將告於莅事者[12], 更若役, 復若賦, 則何如?" 蔣氏大戚, 汪然[13]出涕曰 : "君將哀而生之乎?

Yú bēi zhī, qiě yuē : "Ruò dú zhī hū? Yú jiāng gào yú lì shì zhě, gēng ruò yì, fù ruò fù, zé hé rú?" Jiǎng shì dà qī, wāng rán chū tì yuē : "Jūn jiāng āi ér shēng zhī hū?

則吾斯役之不幸, 未若復吾賦不幸之甚也. 嚮[14]吾不爲斯役, 則久已病矣.

Zé wú sī yì zhī bù xìng, wèi ruò fù wú fù bù xìng zhī shèn yě。Xiàng wú bù wéi sī yì, zé jiǔ yǐ bìng yǐ。

---

5) 大風(대풍) : 문둥병.
6) 攣踠(련원) : 손과 발이 오그라드는 병.
7) 瘻(루) : 부스럼, 혹.
8) 癘(려) : 악성 종양.
9) 三蟲(삼충) : 몸 속의 여러 가지 기생충.
10) 當(당) : 상당하다. 충당하다. 상쇄하다.
11) 數(삭) : 누차, 여러 번.
12) 莅事者(이사자) : 일을 맡아 처리하는 담당관.
13) 汪然(왕연) : 왕성한 모양, 여기에서는 눈물을 많이 흘리는 모양.
14) 嚮(향) : 예부터, 이전부터.

自吾氏三世居是鄉, 積於今六十歲矣, 而鄉鄰之生日蹙[15].

Zì wú shì sān shì jū shì xiāng, jī yú jīn liù shí suì yǐ, ér xiāng lín zhī shēng rì cù。

殫[16]其地之出, 竭其廬之入, 號呼[17]而轉徙, 饑渴而頓踣[18], 觸風雨, 犯[19]寒暑, 呼噓毒癘, 往往而死者相藉[20]也.

Dān qí dì zhī chū, jié qí lú zhī rù, háo hū ér zhuǎn xǐ, jī kě ér dùn bó, chù fēng yǔ, fàn hán shǔ, hū xū dú lì, wǎng wǎng ér sǐ zhě xiāng jí yě。

曩[21]與吾祖居者, 今其室十無一焉, 與吾父居者, 今其室十無二三焉, 與吾居十二年者, 今其室十無四五焉, 非死則徙爾, 而吾以捕蛇獨存.

Nǎng yǔ wú zǔ jū zhě, jīn qí shì shí wú yī yān, yǔ wú fù jū zhě, jīn qí shì shí wú èr sān yān, yǔ wú jū shí èr nián zhě, jīn qí shì shí wú sì wǔ yān, fēi sǐ zé xǐ ěr, ér wú yǐ bǔ shé dú cún。

悍吏之來吾鄉, 叫囂[22]乎東西, 隳突[23]乎南北, 嘩然[24]而駭者, 雖鷄狗不得寧焉.

Hàn lì zhī lái wú xiāng, jiào xiāo hū dōng xi, huī tū hū nán běi, huá rán ér hài zhě, suī jī gǒu bù dé níng yān。

吾恂恂[25]而起, 視其缶, 而吾蛇尚存, 則弛然[26]而卧. 謹食[27]之, 時而獻焉. 退而甘食其土之有, 以盡吾齒[28].

Wú xún xún ér qǐ, shì qí fǒu, ér wú shé shàng cún, zé chí rán ér wò。Jǐn sì zhī, shí ér xiàn yān。

---

15) 日蹙(일축) : 나날이 쪼그라들다. 궁핍해지다.
16) 殫(탄) : 다하다.
17) 號呼(호호) : 소리치며 울다. 울고불고 하다.
18) 頓踣(돈복) : 쓰러지다.
19) 犯(범) : 무릅쓰다.
20) 相藉(상자) : 서로 섞여 베고 눕다.
21) 曩(낭) : 과거, 이전.
22) 叫囂(규효) : 고래고래 소리치다.
23) 隳突(휴돌) : 마구 부시며 소란을 피우다.
24) 嘩然(화연) : 매우 시끄러운 모양.
25) 恂恂(순순) : 조심조심하는 모양.
26) 弛然(이연) : 마음을 놓는 모양.
27) 食(사) : 기르다. 사육하다.
28) 齒(치) : 수명, 나이.

tuì ér gān shí qí tǔ zhī yǒu, yǐ jìn wú chǐ。

蓋一歲之犯死者二焉, 其餘則熙熙而樂, 豈若吾鄉鄰之旦旦有是哉. 今雖死乎此, 比吾鄉鄰之死則已後矣, 又安敢毒[29]耶?"

Gài yī suì zhī fàn sǐ zhě èr yān, qí yú zé xī xī ér lè, qǐ ruò wú xiāng lín zhī dàn dàn yǒu shì zāi。Jīn suī sǐ hū cǐ, bǐ wú xiāng lín zhī sǐ zé yǐ hòu yǐ, yòu ān gǎn dú yé?"

余聞而愈悲. 孔子曰: "苛政猛於虎也." 吾嘗疑乎是, 今以蔣氏觀之, 猶信.

Yú wén ér yù bēi。Kǒng zǐ yuē："Kē zhèng měng yú hǔ yě。" Wú cháng yí hū shì, jīn yǐ jiǎng shì guān zhī, yóu xìn。

嗚呼!孰知賦斂[30]之毒, 有甚是蛇者乎?故爲之說, 以俟[31]夫觀人風者得焉.

Wū hū! Shú zhī fù liǎn zhī dú, yǒu shèn shì shé zhě hū? Gù wéi zhī shuō, yǐ sì fú guān rén fēng zhě dé yān。

(1) 현대 한어 번역(汉译)

永州的野外生长一种奇特的蛇, 黑色的身子上有白色的花纹；它碰到草木, 草木全都枯死；如果咬了人, 没有抵御蛇毒的办法。 然而捉住它, 把它晾干, 制成药饵, 可以用来治好麻风病、手脚弯曲不能伸展的病、肿脖子病和恶疮, 除去坏死的肌肉, 杀死各种寄生虫。 起初, 太医用皇帝的命令征集这种蛇, 每年征收两次, 招募能够捕蛇的人, (准许用蛇)抵他的赋税。 永州的老百姓都争先恐后去干(捕蛇)这个差事了。

有个姓蒋的人, 独占这种(捕蛇而不纳税)的好处已经三代了。 问他, 他却

29) 毒(독) : 원망하다.
30) 賦斂(부렴) : 세금의 징수.
31) 俟(사) : 바라다.

说：“我的祖父死在捕蛇上，我的父亲也死在捕蛇上，现在我接替干这件事已有十二年，险些送命也有好几次了。”他说这些话，脸上好像很忧伤的样子。

我同情他，并且说：“你怨恨这个差事吗?我打算告诉管政事的地方官，更换你的差事，恢复你的赋税，那怎么样呢?” 姓蒋的人十分悲伤，眼泪汪汪，夺眶而出，说道：“你要哀怜我使我活下去吗?然而我干这个差事的不幸，还比不上恢复我赋税不幸那么厉害呢。假使我不干这个差事，就早已困苦不堪了。自从我家三代住在这个乡里，一年一年算到现在已经六十年了，可是乡邻们的生活一天天窘迫，把他们土地上生产出来的都拿出去了，把他们家里的收入也都拿出去了，(被苛捐所迫)大家哭着喊着辗转迁移，又饥又渴，(劳累得)跌倒在地，顶着狂风暴雨，冒着严寒酷暑，呼吸着时疫的毒气，处处是死人成堆。从前和我祖父住在一起的，那些人家现在十家剩不到一家了；和我父亲住在一起的，现在十家剩不到二三家；同我一起住了十二年的，现在十家剩不到四五家了。(那些人家)不是人死光，就是逃荒去了。可是我靠着捕蛇单独活了下来。凶暴的官吏来到我们乡里，就到处吵嚷叫喊，到处骚扰。那种喧闹着使人害怕的情形，即使是鸡狗也不得安宁啊。这时我小心翼翼地起来看看自己的瓦罐，见我的蛇还在，才放心地睡。我小心地喂养它，到规定的时间把它献上去，回家来就很有味地吃着那土地上生产的东西，来过完我的岁月。我一年中冒死亡威胁只有两次，其余时间，就快快活活地过安乐的日子。哪里像我的乡邻们那样天天都有死亡的威胁呢!现在我即使死在捕蛇这个差事上，比起我的乡邻来，就已经(死)在后了，我又怎么敢怨恨(这差事)呢?”

我听了更加悲痛。孔子说：“苛酷的统治比老虎还凶啊。”我曾经怀疑过这句话，现在从蒋家的遭遇来看，还真是真实可信的。唉!谁知道搜刮老百姓的毒害比这毒蛇更厉害呢!因此我写了这篇“说”，以期待那些考察民情的人得到它。

Yǒng zhōu de yě wài shēng zhǎng yī zhǒng qí tè de shé, hēi sè de shēn zi shang yǒu bái sè de huā wén ; tā pèng dào cǎo mù, cǎo mù quán dōu kū sǐ ; rú guǒ yǎo le rén, méi yǒu dǐ yù shé dú de bàn fǎ。Rán ér zhuō zhù tā, bǎ tā liàng gān, zhì chéng yào ěr, kě yǐ yòng lái zhì hǎo má fēng bìng、shǒu jiǎo wān qū bù néng shēn zhǎn de bìng、zhǒng bó zi bìng hé è chuāng, chú qù huài sǐ de jī ròu, shā sǐ gè zhǒng jì shēng chóng。Qǐ chū, Tài yī yòng huáng dì de mìng lìng zhēng jí zhè zhǒng shé, měi nián zhēng shōu liǎng cì, zhāo mù néng gòu bǔ shé de rén, (zhǔn xǔ yòng shé) dǐ tā de fù shuì。Yǒng zhōu de lǎo bǎi xìng dōu zhēng xiān kǒng hòu qù gàn (bǔ shé) zhè ge chāi shi le。

Yǒu ge xìng jiǎng de rén, dú zhàn zhè zhǒng (bǔ shé ér bú nà shuì) de hǎo chu yǐ jīng sān dài le。Wèn tā, tā què shuō : "Wǒ de zǔ fù sǐ zài bǔ shé shang, wǒ de fù qīn yě sǐ zài bǔ shé shang, xiàn zài wǒ jiē tì gàn zhè jiàn shì yǐ yǒu shí èr nián, xiǎn xiē sòng mìng yě yǒu hǎo jǐ cì le。" Tā shuō zhè xiē huà, liǎn shang hǎo xiàng hěn yōu shāng de yàng zi。

Wǒ tóng qíng tā, bìng qiě shuō : "Nǐ yuàn hèn zhè ge chāi shi ma? Wǒ dǎ suàn gào su guǎn zhèng shì de dì fāng guān, gēng huàn nǐ de chāi shi, huī fù nǐ de fù shuì, nà zěn me yàng ne?" Xìng jiǎng de rén shí fēn bēi shāng, yǎn lèi wāng wāng, duó kuàng ér chū, shuō dào : "Nǐ yào āi lián wǒ shǐ wǒ huó xià qù ma? Rán ér wǒ gàn zhè ge chāi shi de bú xìng, hái bǐ bu shàng huī fù wǒ fù shuì bú xìng nà me lì hai ne。Jiǎ shǐ wǒ bú gàn zhè ge chāi shi, jiù zǎo yǐ kùn kǔ bù kān le。Zì cóng wǒ jiā sān dài zhù zài zhè ge xiāng li, yī nián yī nián suàn dào xiàn zài yǐ jīng liù shí nián le, kě shì xiāng lín men de shēng huó yī tiān tiān jiǒng pò, bǎ tā men tǔ dì shang shēng chǎn chū lái de dōu ná chū qù le, bǎ tā men jiā li de shōu rù yě dōu ná chū qù le, (bèi kē juān suǒ pò) dà jiā kū zhe hǎn zhe zhǎn zhuǎn qiān yí, yòu jī yòu kě, (láo lèi dé) diē dǎo zài dì, dǐng zhe kuáng fēng bào yǔ, mào zhe yán hán kù shǔ, hū xī zhe shí yì de dú qì, chù chù shì sǐ rén chéng duī。Cóng qián hé wǒ zǔ fù zhù zài yī qǐ de, nà xiē rén jiā xiàn zài shí jiā shèng bu dào yī jiā le ; hé wǒ fù qīn zhù zài yī qǐ de, xiàn zài shí jiā shèng bu dào èr sān jiā ; tóng wǒ yī qǐ zhù le shí èr nián de, xiàn zài shí jiā shèng bu dào sì wǔ jiā le。(Nà xiē rén jiā) bú shì rén sǐ guāng, jiù shì táo huāng qù le。Kě shì wǒ kào zhe bǔ shé dān dú huó le xià lái。Xiōng bào de guān lì lái dào wǒ men xiāng li, jiù dào chù chǎo rǎng jiào hǎn, dào chù sāo rǎo。Nà zhǒng xuān nào zhe shǐ rén hài pà de qíng xíng, jí shǐ shì jī gǒu yě bù dé ān níng ā。Zhè shí wǒ xiǎo xīn yì yì de qǐ lái kàn kan zì jǐ de wǎ guàn, jiàn wǒ de shé hái zài, cái fàng xīn de shuì。wǒ xiǎo xīn de wèi yǎng tā, dào guī dìng de shí jiān bǎ tā xiàn shàng qù, huí jiā lái jiù hěn yǒu wèi de chī zhe nà tǔ dì shang shēng chǎn de dōng xi, lái guò wán wǒ de suì yuè。Wǒ yī nián zhōng mào sǐ wáng wēi xié zhǐ yǒu liǎng cì, qí yú shí jiān, jiù kuài kuài huó huó de guò ān lè de rì zi。Nǎ li xiàng wǒ de xiāng lín men nà yàng tiān tiān dōu yǒu sǐ wáng de wēi xié ne! Xiàn zài wǒ jí shǐ sǐ zài bǔ shé zhè gè chāi shi shàng, bǐ qǐ wǒ de xiāng lín lái, jiù yǐ jīng (sǐ) zài hòu le, wǒ yòu zěn me gǎn yuàn hèn (zhè chāi shi) ne?"

Wǒ tīng le gèng jiā bēi tòng。Kǒng zǐ shuō : "Kē kù de tǒng zhì bǐ lǎo hǔ hái xiōng ā。" Wǒ céng jīng huái yí guo zhè jù huà, xiàn zài cóng jiǎng jiā de zāo yù lái kàn, hái zhēn shì zhēn shí kě xìn de。Āi! Shuí zhī dào sōu guā lǎo bǎi xìng de dú hài bǐ zhè dú shé gèng lì hai ne! Yīn cǐ wǒ xiě le zhè piān "shuō", Yǐ qī dài nà xiē kǎo chá mín qíng de rén dé dào tā。

(2) 한국어 스토리텔링(韩语 讲故事)

* 중심어 : 영주(永州)의 특이한 뱀 - 뱀을 잡아 세금을 대신하는 좋은 점 - 영주(永州)의 백성들 - 뱀을 잡는 위험성 - 가혹한 정치는 호랑이보다 무섭다.

(3) 중국어 스토리텔링(汉语 讲故事)

* 중심어(关键词) : 永州的异蛇 – 捕蛇而不纳税的好处 – 永州的老百姓 – 捕蛇的威胁 – 苛政猛于虎

第五章

취옹정기(醉翁亭記)
- 구양수(歐陽脩)

醉翁亭記

Zuì wēng tíng jì

歐陽修

Ōu yáng xiū

環滁皆山也. 其西南諸峰, 林壑尤美, 望之蔚然[1]而深秀者, 琅琊也.

Huán chú jiē shān yě。Qí xī nán zhū fēng, lín hè yóu měi, wàng zhī wèi rán ér shēn xiù zhě, láng yá yě。

行六七里, 漸聞水聲潺潺而瀉出於兩峰之間者, 釀泉[2]也. 峰回路轉, 有亭翼然[3]臨於泉上者, 醉翁亭也.

Shān xíng liù qī lǐ, jiàn wén shǔi shēng chán chán ér xiè chū yú liǎng fēng zhī jiān zhě, niàng quán yě。Fēng huí lù zhuàn, yǒu tíng yì rán lín yú quán shàng zhě, zuì wēng tíng yě。

作亭者誰?山之僧智仙也. 名之者誰?太守自謂也. 太守與客來飲於此, 飲少輒醉, 而年又最高, 故自號曰醉翁也.

Zuò tíng zhě shéi? Shān zhī sēng Zhì xiān yě。Míng zhī zhě shéi? Tài shǒu zì wèi yě。Tài shǒu yǔ kè lái yǐn yú cǐ, yǐn shǎo zhé zuì, ér nián yòu zuì gāo, gù zì hào yuē Zuì wēng yě。

醉翁之意不在酒, 在乎山水之間也. 山水之樂, 得之心而寓之酒也.

zuì wēng zhī yì bù zài jiǔ, zài hū shān shuǐ zhī jiān yě。Shān shuǐ zhī lè, dé zhī xīn ér yù zhī jiǔ yě。

若夫日出而林霏[4]開, 雲歸而岩穴暝, 晦明變化者, 山間之朝暮也.

Ruò fú rì chū ér lín fēi kāi, yún guī ér yán xué míng, huì míng biàn huà zhě, shān jiān

1) 蔚然(위연): 초목이 무성하게 우거져 있는 모양.
2) 釀泉(양천): 샘 이름. 이 샘물로 술을 빚으면 술맛이 좋다하여 양천이라 불림.
3) 翼然(익연): 새가 날개를 활짝 펼친 듯한 모양.
4) 林霏(임비): 숲에 엉킨 안개 같은 작은 물방울.

zhī zhāo mù yě。

野芳發而幽香, 佳木秀而繁陰, 風霜高潔, 水落而石出[5]者, 山間之四時也. 朝而往, 暮而歸, 四時之景不同, 而樂亦無窮也.

Yě fāng fā ér yōu xiāng, jiā mù xiù ér fán yīn, fēng shuāng gāo jié, shuǐ luò ér shí chū zhě, shān jiān zhī sì shí yě。Zhāo ér wǎng, mù ér guī, sì shí zhī jǐng bù tóng, ér lè yì wú qióng yě。

至於負者歌於途, 行者休於樹, 前者呼, 後者應, 傴僂提攜, 往來而不絕者, 滁人遊也. 臨溪而漁, 溪深而魚肥.

Zhì yú fù zhě gē yú tú, xíng zhě xiū yú shù, qián zhě hū, hòu zhě yīng, yǔ lóu tí xié, wǎng lái ér bù jué zhě, chú rén yóu yě。lín xī ér yú, xī shēn ér yú féi。

釀泉爲酒, 泉香而酒冽；山肴野蔌, 雜然而前陳者, 太守宴也.

Niàng quán wéi jiǔ, quán xiāng ér jiǔ liè； shān yáo yě sù, zá rán ér qián chén zhě, Tài shǒu yàn yě。

宴酣之樂, 非絲非竹, 射者中, 弈者勝, 觥籌交錯[6], 起坐而喧嘩者, 衆賓歡也. 蒼顔白髮, 頹然乎其間者, 太守醉也.

Yàn hān zhī lè, fēi sī fēi zhú, shè zhě zhòng, yì zhě shèng, gōng chóu jiāo cuò, qǐ zuò ér xuān huá zhě, zhòng bīn huān yě。Cāng yán bái fā, tuí rán hū qí jiān zhě, Tài shǒu zuì yě。

已而夕陽在山, 人影散亂, 太守歸而賓客從也. 樹林陰翳[7], 鳴聲上下, 遊人去而禽鳥樂也.

Yǐ ér xī yáng zài shān, rén yǐng sàn luàn, Tài shǒu guī ér bīn kè cóng yě。Shù lín yīn yì, míng shēng shàng xià, yóu rén qù ér qín niǎo lè yě。

---

5) 水落而石出(수락이석출): 물이 줄어드니 시내 바닥의 돌이 드러나다. 겨울 풍경. 소동파의 「후적벽부」에도 水落而石出이란 표현이 있다.

6) 觥籌交錯(굉주교착): 벌주잔과 산가지가 뒤섞여 있다. '굉(觥)'은 쇠뿔로 만든 5홉들이 큰 잔으로 벌주를 내릴 때 쓰는 잔. '주(籌)'는 벌주의 수를 세기 위해 준비한 산가지. 잔치가 한창 무르익은 장면을 묘사한 것이다.

7) 陰翳(음예): 그늘져 어두워지다.

然而禽鳥知山林之樂, 而不知人之樂；人知從太守遊而樂, 而不知太守之樂其樂也. 醉能同其樂, 醒能述以文者, 太守也.

Rán ér qín niǎo zhī shān lín zhī lè, ér bù zhī rén zhī lè； rén zhī cóng Tài shǒu yóu ér lè, ér bù zhī Tài shǒu zhī lè qí lè yě。Zuì néng tóng qí lè, xǐng néng shù yǐ wén zhě, Tài shǒu yě。

太守謂誰? 廬陵歐陽修也.

Tài shǒu wèi shéi? Lú líng Ōu yáng xiū yě。

(1) 현대 한어 번역(汉译)

滁州四周环山。 西南边的几座山峰, 树林和山谷尤其优美。 一眼望去树木茂盛, 又幽深又秀丽的, 那是琅琊山。 沿着山路走六七里, 渐渐听到潺潺的水声, 看到流水从两座山峰之间流出来的, 那是酿泉。 泉水沿着山峰折绕, 沿着山路拐弯, 有一座亭子像飞鸟展翅似地, 飞在泉上, 那就是醉翁亭。 这亭子是谁建造的呢?是山上的和尚智仙。 给它取名的又是谁呢?太守用自己的别号(醉翁)来命名。 太守和他的宾客们来这里来喝酒, 只喝一点儿就醉了；而且年纪又最大, 所以自号"醉翁"。 醉翁的意趣不在喝酒上, 而在欣赏山水的美景上。 欣赏山水美景的乐趣, 领会在心里, 寄托在酒上。

至于太阳的升起, 山林里的雾气散了；烟云聚拢来, 山谷就显得昏暗了；朝则自暗而明, 暮则自明而暗, 或暗或明, 变化不一, 这就是山里的早晚。 野花开了, 有一股清幽的香味；好的树木枝繁叶茂, 形成一片浓密的绿荫；风高霜洁, 天高气爽, 水落石出, 这就是山中的四季。 清晨出发, 黄昏回来, 四季的景色不同, 乐趣也是无穷的。

至于背着东西的人在路上欢唱, 行人在树下休息, 前面的招呼, 后面的答应；老人弯着腰走, 小孩子由大人领着走。 来往的行人是滁州的游客。 到溪边钓鱼, 溪水深并且鱼肉肥美；用酿泉造酒, 泉水清并且酒也清；野味野菜, 横七竖八地摆在面前的, 那是太守主办的宴席。 宴会喝酒的乐趣, 不在于音乐；投射的中了，下棋的赢了，酒杯交互错杂；欢乐的宾客们时起时坐大声喧闹。一个脸色苍老的老人，醉醺醺地坐在众人中间，是太守喝醉了。

不久，太阳下山了，人影散乱，宾客们跟随太守回去了。树林里的枝叶茂密成林，鸟儿到处叫，是游人离开后鸟儿在欢乐地跳跃。但是鸟儿只知道山林中的快乐，却不知道人们的快乐。而人们只知道跟随太守游玩的快乐，却不知道太守以游人的快乐为快乐啊。醉了能够和大家一起欢乐，醒来能够用文章记述这乐事的人，那就是太守啊。太守是谁呢?是庐陵欧阳修吧。

Chú zhōu sì zhōu huán shān。Xī nán bian de jǐ zuò shān fēng, shù lín hé shān gǔ yóu qí yōu měi。Yī yǎn wàng qù shù mù mào shèng, yòu yōu shēn yòu xiù lì de, nà shì láng yá shān。Yán zhe shān lù zǒu liù qī lǐ, jiàn jiàn tīng dào chán chán de shuǐ shēng, kàn dào liú shuǐ cóng liǎng zuò shān fēng zhī jiān liú chū lái de, nà shì niàng quán。Quán shuǐ yán zhe shān fēng shé rào, yán zhe shān lù guǎi wān, yǒu yī zuò tíng zi xiàng fēi niǎo zhǎn chì sì de, fēi zài quán shang, nà jiù shì zuì wēng tíng。Zhè tíng zi shì shuí jiàn zào de ne? Shì shān shang de hé shàng zhì xiān。Gěi tā qǔ míng de yòu shì shéi ne? Tài shǒu yòng zì jǐ de bié hào (zuì wēng) lái mìng míng。Tài shǒu hé tā de bīn kè men lái zhè lǐ lái hē jiǔ, zhǐ hē yī diǎnr jiù zuì le ；ér qiě nián jì yòu zuì dà, suǒ yǐ zì hào "zuì wēng "。Zuì wēng de yì qù bú zài hē jiǔ shang, ér zài xīn shǎng shān shuǐ de měi jǐng shang。Xīn shǎng shān shuǐ měi jǐng de lè qù, lǐng huì zài xīn li, jì tuō zài jiǔ shang。

Zhì yú tài yáng de shēng qǐ, shān lín li de wù qì sàn le ；yān yún jù lǒng lái, shān gǔ jiù xiǎn de hūn àn le ；zhāo zé zì àn ér míng, mù zé zì míng ér àn, huò àn huò míng, biàn huà bù yī, zhè jiù shì shān li de zǎo wǎn。Yě huā kāi le, yǒu yī gǔ qīng yōu de xiāng wèi ；hǎo de shù mù zhī fán yè mào, xíng chéng yī piàn nóng mì de lǜ yīn ；fēng gāo shuāng jié, tiān gāo qì shuǎng, shuǐ luò shí chū, zhè jiù shì shān zhōng de sì jì。Qīng chén chū fā, huáng hūn huí lái, sì jì de jǐng sè bù tóng, lè qù yě shì wú qióng de。

Zhì yú bèi zhe dōng xi de rén zài lù shang huān chàng, xíng rén zài shù xia xiū xi, qián miàn de zhāo hū, hòu miàn de dā ying ；lǎo rén wān zhe yāo zǒu, xiǎo hái zi yóu dà rén lǐng zhe zǒu。Lái wǎng de xíng rén shì chú zhōu de yóu kè。dào xī bian diào yú, xī shuǐ shēn bìng qiě yú ròu féi měi ；yòng niàng quán zào jiǔ, quán shuǐ qīng bìng qiě jiǔ yě qīng ；yě wèi yě cài, héng qī shù bā de bǎi zài miàn qián de, nà shì Tài shǒu zhǔ bàn de yàn xí。Yàn huì hē jiǔ de lè qù, bú zài yú yīn yuè ；tóu shè de zhong le, xià qí de yíng le, jiǔ bēi jiāo hù cuò zá ；huān lè de bīn kè men shí qǐ shí zuò dà shēng xuān nào。Yī ge liǎn sè cāng lǎo de lǎo rén, zuì xūn xūn de zuò zài zhòng rén zhōng jiān, shì Tài shǒu hē zuì le。

Bù jiǔ, tài yáng xià shān le, rén yǐng sàn luàn, bīn kè men gēn suí Tài shǒu huí qù le。Shù lín li de zhī yè mào mì chéng lín, niǎo ér dào chù jiào, shì yóu rén lí kāi hòu niǎo ér zài huān lè de tiào yuè。Dàn shì niǎo ér zhǐ zhī dào shān lín zhōng de kuài lè, què bù zhī dào rén men de kuài lè。Ér rén men zhǐ zhī dào gēn suí Tài shǒu yóu wán de kuài lè, què bù zhī dào Tài shǒu yǐ yóu rén de kuài lè wéi kuài lè ā。Zuì le néng gòu hé dà jiā yī qǐ huān lè, xǐng lái néng gòu yòng wén zhāng jì shù zhè lè shì de rén, nà jiù shì Tài shǒu ā。

Tài shǒu shì shéi ne? Shì Lú líng Ōu yáng xiū ba。

(2) 한국어 스토리텔링(韩语 讲故事)

* 중심어 : 취옹, 취옹정, 낭야산

(3) 중국어 스토리텔링(汉语 讲故事)

* 중심어(关键词) : 醉翁, 醉翁亭, 琅琊山

第六章

적벽부(赤壁賦)
- 소식(蘇軾)

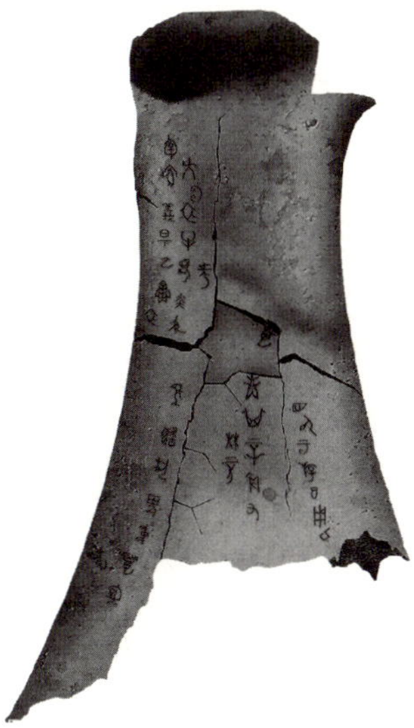

赤壁賦

Chì bì fù

蘇軾(1037-1101)[1]

Sū shì

王戌[2]之秋, 七月既望[3], 蘇子與客泛舟, 游於赤壁之下.

Rén xū zhī qiū, qī yuè jì wàng, Sū zǐ yǔ kè fàn zhōu, yóu yú Chì bì zhī xià。

清風徐来, 水波不興. 擧酒属[4] 客, 誦明月之詩[5], 歌窈窕之章[6].

Qīng fēng xú lái, shuǐ bō bù xīng。Jǔ jiǔ zhǔ kè, sòng míng yuè zhī, gē yǎo tiǎo zhī zhāng。

少[7]焉, 月出於東山之上, 徘徊於斗牛[8]之间. 白露横江, 水光接天.

Shǎo yān, yuè chū yú dōng shān zhī shàng, pái huái yú Dǒu niú zhī jiān。Bái lù héng jiāng, shuǐ guāng jiē tiān。

縱一葦之所如, 凌[9]萬頃之茫然. 浩浩乎[10]如馮虛御風, 而不知其所止；飄飄乎如遺世獨立, 羽化而登仙.

Zòng yī wěi zhī suǒ rú, líng wàn qǐng zhī máng rán。Hào hào hū rú píng xū yù fēng, ér bù zhī qí suǒ zhǐ；piāo piāo hū rú yí shì dú lì, yǔ huà ér dēng xiān。

1) 소식은 송대(宋代)의 대문호이며, 또한 사상가이자 정치가이다.
2) 王戌(임술) : 1082년.
3) 既望(기망) : 기(既)는 이(已)로 잠시 후의 의미, 음력 매월 15일은 망(望), 즉 보름의 다음날인 16일을 가리킴.
4) 屬(촉) : 권하다. 부탁하다.
5) 明月之詩(명월지시) : 『시경(詩經)』중의 「(월출)月出」시.
6) 窈窕之章(요조지장) : 「월출(月出)」시의 첫 장.
7) 少(소) : 잠시 후에.
8) 斗牛(두우) : 북두성과 견우성.
9) 凌(능) : 배를 타고 건너다.
10) 浩浩乎(호호호) : 매우 넓은 모양.

於是飮酒樂甚, 扣舷[11]而歌之. 歌曰："桂棹兮蘭槳[12], 擊空明兮溯[13]流光. 渺渺兮予懷, 望美人兮天一方."

Yú shì yǐn jiǔ lè shèn, kòu xián ér gē zhī。Gē yuē："Guì zhào xī lán jiǎng, jī kōng míng xī sù liú guāng。Miǎo miǎo xī yǔ huái, wàng měi rén xī tiān yī fāng。"

客有吹洞簫者, 倚歌而和[14]之. 其聲嗚嗚然, 如怨如慕, 如泣如訴, 餘音嫋嫋[15], 不絶如縷[16]. 舞幽壑之潛蛟, 泣孤舟之嫠婦[17].

Kè yǒu chuī dòng xiāo zhě, yǐ gē ér hè zhī。Qí shēng wū wū rán, rú yuàn rú mù, rú qì rú sù, yú yīn niǎo niǎo, bù jué rú lǚ。Wǔ yōu hè zhī qián jiāo, qì gū zhōu zhī lí fù。

蘇子愀然[18], 正襟危坐[19], 而問客曰："何爲其然也?" 客曰：

Sū zǐ qiǎo rán, zhèng jīn wēi zuò, ér wèn kè yuē："Hé wéi qí rán yě?" Kè yuē：

"'月明星稀, 烏鵲南飛', 此非曹孟德[20]之詩乎? 西望夏口, 東望武昌. 山川相繆[21], 鬱乎蒼蒼, 此非孟德之困於周郎[22]者乎?

"'Yuè míng xīng xī, wū què nán fēi', cǐ fēi Cáo mèng dé zhī shī hū? Xī wàng Xià kǒu, dōng wàng Wǔ chāng。Shān chuān xiāng liáo, yù hū cāng cāng, cǐ fēi Mèng dé zhī kùn yú Zhōu láng zhě hū?

方其破荆州, 下江陵, 順流而東也, 舳艫[23]千里, 旌旗蔽空, 釃酒[24]臨江,

---

11) 扣舷(구현) : 배의 가장자리를 두드리다.
12) 槳(장) : 배의 가장자리에서 젓는 짧은 노.
13) 溯(소) : 거슬러 올라가다.
14) 和(화) : 화답하다.
15) 嫋嫋(요뇨) : 길고 가늘게 이어지는 소리.
16) 縷(루) : 실
17) 嫠婦(이부) : 과부.
18) 愀然(초연) : 정색하는 모양.
19) 危坐(위좌) : 정좌하다. 단정히 앉다.
20) 曹孟德(조맹덕) : 조조(曹操).
21) 相繆(상무) : 서로 얽히다.
22) 周郎(주랑) : 주유(周瑜).
23) 舳艫(축로) : 배의 꼬리와 배의 머리, 즉 배가 이어져있음을 말함.
24) 釃酒(시주) : 술을 거르다.

橫槊[25]賦詩, 固一世之雄也, 而今安在哉?

Fāng qí pò Jīng zhōu, xià Jiāng líng, shùn liú ér dōng yě, zhú lú qiān lǐ, jīng qí bì kōng, shī jiǔ lín jiāng, héng shuò fù shī, gù yī shì zhī xióng yě, ér jīn ān zài zāi?

况吾與子漁樵於江渚之上, 侣魚蝦而友麋鹿, 駕一葉之扁舟, 擧匏樽[26]以相屬.

Kuàng wú yǔ zǐ yú qiáo yú jiāng zhǔ zhī shàng, lǚ yú xiā ér yǒu mí lù,jià yī yè zhī biǎn zhōu, jǔ páo zūn yǐ xiāng zhǔ。

寄蜉蝣[27]於天地, 渺滄海之一粟. 哀吾生之須臾[28], 羨長江之無窮. 挾飛仙以遨游[29], 抱明月而長終. 知不可乎驟得[30], 托遺響於悲風."

Jì fú yóu yú tiān dì, miǎo cāng hǎi zhī yī sù。āi wú shēng zhī xū yú, xiàn Cháng jiāng zhī wú qióng。Xié fēi xiān yǐ áo yóu, bào míng yuè ér cháng zhōng。zhī bù kě hū zhòu dé, tuō yí xiǎng yú bēi fēng。"

蘇子曰: "客亦知夫水與月乎?逝者如斯, 而未嘗往也 ; 盈虛者如彼, 而卒莫消長也.

Sū zǐ yuē : "Kè yì zhī fú shuǐ yǔ yuè hū? Shì zhě rú sī, ér wèi cháng wǎng yě ; yíng xū zhě rú bǐ, ér zú mò xiāo zhǎng yě。

蓋將自其變者而觀之, 則天地曾不能以一瞬 ; 自其不變者而觀之, 則物與我皆無盡也, 而又何羨乎?

Gài jiāng zì qí biàn zhě ér guān zhī, zé tiān dì céng bù néng yǐ yī shùn ; zì qí bù biàn zhě ér guān zhī, zé wù yǔ wǒ jiē wú jìn yě, ér yòu hé xiàn hū?

且夫天地之間, 物各有主, 苟非吾之所有, 雖一毫而莫取.

---

25) 橫槊(횡삭) : 창을 비껴들다.
26) 匏樽(포준) : 조롱박으로 만든 술잔.
27) 蜉蝣(부유) : 하루살이.
28) 須臾(수유) : 짧은 시간.
29) 遨游(오유) : 즐겁게 노닐다.
30) 驟得(취득) : 쉽게 얻다.

Qiě fú tiān dì zhī jiān, wù gè yǒu zhǔ, gǒu fēi wú zhī suǒ yǒu, suī yī háo ér mò qǔ。

惟江上之淸風, 與山間之明月, 耳得之而爲聲, 目遇之而成色, 取之無禁, 用之不竭, 是造物者之無盡藏[31)]也, 而吾與子之所共適."

Wéi jiāng shàng zhī qīng fēng, yǔ shān jiān zhī míng yuè, ěr dé zhī ér wéi shēng, mù yù zhī ér chéng sè, qǔ zhī wú jìn, yòng zhī bù jié, shì zào wù zhě zhī wú jìn cáng yě, ér wú yǔ zǐ zhī suǒ gòng shì。"

客喜而笑, 洗盞更酌. 肴核[32)]既盡, 杯盤狼藉[33)]. 相與枕藉乎舟中, 不知東方之既白.

Kè xǐ ér xiào, xǐ zhǎn gèng zhuó。Yáo hé jì jìn, bēi pán láng jí。Xiāng yǔ zhěn jiè hū zhōu zhōng, bù zhī dōng fāng zhī jì bái。

(1) 현대 한어 번역(汉译)

壬戌年秋天, 七月十六日, 我跟客人乘船在赤壁的之下游览。 风缓缓吹来, 水面平静。 于是举杯邀客人一起喝酒, 吟咏《诗经・陈风・月出》一诗的"窈窕"一章。 一会儿, 月亮从东山上升起, 在斗宿和牛宿之间徘徊。 白色雾气笼罩着江面, 水面上的光亮与星空连成一片。 我们任由小船在茫茫的江面上自由飘动。 多么辽阔呀, 像是凌空乘风飞去, 不知将停留在何处; 多么飘逸呀, 好像变成了神仙似的, 离开尘世, 进入仙境。

于是, 喝着酒, 愉快极了, 敲着船舷开始唱歌。 内容是: "桂木的棹啊, 兰木的桨, 拍打着清澈的江水啊, 船儿迎来流动的波光。 多么深沉啊, 我的情怀, 仰望着我思念的人儿啊, 她在那遥远的地方。" 客人中有吹洞箫的, 按着歌声吹箫应和。 箫的声音呜呜, 好像是怨恨, 又像是思慕, 像是哭声, 又像是倾诉, 余音悠扬, 延绵不断。 能使潜藏在深渊中的蛟龙起舞, 孤舟上的寡妇哭

---

31) 無盡藏(무진장) : 다함이 없는 창고.
32) 肴核(효핵) : 육류와 과일류의 술안주.
33) 狼藉(낭자) : 어지럽게 흩어져 있다.

泣。

我不禁有些伤心，整理了衣裳，端正地坐着，问客人说："为什么会这样?"客人说："'月明星稀，乌鹊南飞'，这不是曹孟德的诗吗?向西望是夏口，向东望是武昌，山川缭绕，郁郁苍苍，这不是曹孟德被周瑜围困的地方吗?当他攻取了荆州，攻下江陵，顺着长江东下的时候，战船连接千里，旌旗遮蔽天空，在江面上洒酒祭奠，横端着长矛朗诵诗，是一代的英雄啊，现在又在哪里呢?何况我同你在江中和沙洲上捕鱼打柴，以渔虾为伴，与麋鹿为友，驾着一艘小船，在这里举杯互相劝酒。只是像蜉蝣一样活在天地之间，渺小得像大海中的一颗谷粒。哀叹我生命的短暂，而羡慕无穷无尽的长江的流水。希望同仙人一起遨游，与明月一起长存。我知道这是不可能经常得到的，因而只能把箫声的余音寄托给这悲凉的秋风。"

我说："你们也知道那水和月亮吗?江水总是不停地流逝，但它们并没有流走；月亮总有圆缺，但它终究也没有增减。要是从它们变的一面来看，那么，天地间的事物，眨眼的工夫就发生了变化；要是从不变的一面来看，万物是永存的，又何必羡慕呢!再说，天地间，万物各有主人，假如不是为我所有，即使是一丝一毫也不能得到。只有这江上的清风和山间的明月，耳朵听到了才成其为声音，眼睛看到了才成其为颜色，占有它们，无人禁止，使用它们，无穷无尽，这是大自然无穷的宝藏，而我能够同你们共享。"

客人听了之后，笑了，洗了杯子，又倒了酒。菜和水果已吃完了，杯盘狼藉。大家互相依靠着睡在船中，不知不觉东边已经亮了。

Rén xū nián qiū tiān, qī yuè shí liù rì, wǒ gēn kè rén chéng chuán zài chì bì de zhī xià yóu lǎn。Fēng huǎn huǎn chuī lái, shuǐ miàn píng jìng。Yú shì jǔ bēi yāo kè rén yī qǐ hē jiǔ, yín yǒng《Shī jīng ·Chén fēng ·Yuè chū》yī shī de "yǎo tiǎo" Yī zhāng。Yī huìr, yuè liàng cóng dōng shān shang shēng qǐ, zài Dǒu xiù hé Niú xiù zhī jiān pái huái。Bái sè wù qì lóng zhào zhe jiāng miàn, shuǐ miàn shang de guāng liàng yǔ xīng kōng lián chéng yī piàn。Wǒ men rèn yóu xiǎo chuán zài máng máng de jiāng miàn shang zì yóu piāo dòng。Duō me liáo kuò ya, xiàng shì líng kōng chéng fēng fēi qù, bù zhī jiāng tíng liú zài hé chù ；duō me piāo yì ya, hǎo xiàng biàn chéng le shén xiān sì de, lí kāi chén shì, jìn rù xiān jìng。

Yú shì, hē zhe jiǔ, yú kuài jí le, qiāo zhe chuán xián kāi shǐ chàng gē。nèi róng shì ："Guì mù de zhào ā, lán mù de jiǎng, pāi dǎ zhe qīng chè de jiāng shuǐ ā, chuán ér yíng lái liú dòng de bō guāng。Duō me shēn chén ā, wǒ de qíng huái, yǎng wàng zhe wǒ sī niàn de rén ér ā, tā zài nà yáo yuǎn de dì fang。" Kè rén zhong yǒu chuī dòng xiāo de, àn zhe gē shēng chuī xiāo yīng hé。Xiāo de shēng yīn wū wū, hǎo xiàng shì yuàn hèn, yòu xiàng shì sī mù, xiàng shì kū shēng, yòu xiàng shì qīng sù, yú yīn yōu yáng, yán mián bú duàn。Néng shǐ qián cáng zài shēn yuān zhong de jiāo lóng qǐ wǔ, gū zhōu shang de guǎ fù kū qì。

Wǒ bú jìn yǒu xiē shāng xīn, zhěng lǐ le yī shang, duān zhèng de zuò zhe, wèn kè rén shuō ："Wèi shén me huì zhè yàng?" Kè rén shuō ："'Yuè míng xīng xī, wū què nán fēi', zhè bú shì Cáo mèng dé de shī ma? Xiàng xī wàng shì Xià kǒu, xiàng dōng wàng shì Wǔ chāng, shān chuān liáo rào, yù yù cāng cāng, zhè bú shì Cáo mèng dé bèi Zhōu yú wéi kùn de dì fang ma? Dāng tā gōng qǔ le Jīng zhōu, gōng xià Jiāng líng, shùn zhe Cháng jiāng dōng xià de shí hou, zhàn chuán lián jiē qiān lǐ, jīng qí zhē bì tiān kōng, zài jiāng miàn shang sǎ jiǔ jì diàn, héng duān zhe cháng máo lǎng sòng shī, shì yī dài de yīng xióng ā, xiàn zài yòu zài nǎ li ne? Hé kuàng wǒ tóng nǐ zài jiāng zhong hé shā zhōu shang bǔ yú dǎ chái, yǐ yú xiā wéi bàn, yǔ mí lù wéi yǒu, jià zhe yī sōu xiǎo chuán, zài zhè lǐ jǔ bēi hù xiāng quàn jiǔ。Zhǐ shì xiàng fú yóu yī yàng huó zài tiān dì zhī jiān, miǎo xiǎo dé xiàng dà hǎi zhong de yī kē gǔ lì。Āi tàn wǒ shēng mìng de duǎn zàn, ér xiàn mù wú qióng wú jìn de Cháng jiāng de liú shuǐ。Xī wàng tóng xiān rén yī qǐ áo yóu, yǔ míng yuè yī qǐ cháng cún。Wǒ zhī dào zhè shì bù kě néng jīng cháng dé dào de, yīn ér zhǐ néng bǎ xiāo shēng de yú yīn jì tuō gěi zhè bēi liáng de qiū fēng。"

Wǒ shuō ："Nǐ men yě zhī dào nà shuǐ hé yuè liàng ma? Jiāng shuǐ zǒng shì bù tíng de liú shì, dàn tā men bìng méi yǒu liú zǒu ；yuè liàng zǒng yǒu yuán quē, dàn tā zhōng jiū yě méi yǒu zēng jiǎn。Yào shi cóng tā men biàn de yī miàn lái kàn, nà me, tiān dì jiān de shì wù, zhǎ yǎn de gōng fu jiù fā shēng le biàn huà ；yào shi cóng bú biàn de yī miàn lái kàn, wàn wù shì yǒng cún de, yòu hé bì xiàn mù ne! Zài shuō, tiān dì jiān, wàn wù gè yǒu zhǔ rén, jiǎ rú bú shì wéi wǒ suǒ yǒu, jí shǐ shì yī sī yī háo yě bù néng dé dào。Zhǐ yǒu zhè jiāng shang de qīng fēng hé shān jiān de míng yuè, ěr duo tīng dào le cái chéng qí wéi shēng yīn, yǎn jing kàn dào le cái chéng qí wéi yán sè, zhàn yǒu tā men, wú rén jìn zhǐ, shǐ yòng tā men, wú qióng wú jìn, zhè shì dà zì rán wú qióng de bǎo cáng, ér wǒ néng gòu tóng nǐ men gòng xiǎng。"

Kè rén tīng le zhī hòu, xiào le, xǐ le bēi zi, yòu dǎo le jiǔ。cài hé shuǐ guǒ yǐ chī wán le, bēi pán láng jiè。Dà jiā hù xiāng yī kào zhe shuì zài chuán zhong, bù zhī bú jiào dōng bian yǐ jīng liàng le。

(2) 한국어 스토리텔링(韩语 讲故事)

* 중심어 : 배를 띄우고 적벽에서 즐김 - 강물의 풍경 - 객의 퉁소소리 - 짧은 생명 - 자연사물에 대한 철학적 시각 - 대자연에 대한 향유 - 배에서 술을 마심

(3) 중국어 스토리텔링(汉语 讲故事)

*** 중심어**(关键词) : 乘船游于赤壁 – 江上的风致 – 客人的洞箫声 – 短暂的生命 – 对自然事物的哲学视角 – 对大自然的享有 – 在船中喝酒

第七章

유포선산기(遊褒禪山記) - 왕안석(王安石)

遊褒禪山記

Yóu bāo chán shān jì

王安石(1021-1086)[1)]

Wáng ān shí

褒禪山亦謂之華山, 唐浮圖[2)]慧褒[3)]始舍於其址, 而卒葬之；以故其後名之曰 "褒禪" .

Bāo chán shān yì wèi zhī Huá shān, Táng fú tú Huì bāo shǐ shě yú qí zhǐ, ér zú zàng zhī；yǐ gù qí hòu míng zhī yuē "Bāo chán "。

1) 왕안석은 북송의 문인이자 정치가이며 사상가이기도 하다. 재상이 된 이후 진보적인 '신법'을 주장했으나 보수파에 의해 탄압을 받았다.

2) 浮圖(부도) : 인도어에 대한 음역으로 원래는 '불(佛)'이나 '불교신도'를 가리키는 말이나 여기에서는 승려를 지칭한다.

3) 慧褒(혜포) : 승려의 이름.

今所謂慧空禪院[4]者, 褒之廬冢也. 距其院東五里, 所謂華陽洞者, 以其乃華山之陽名之也.

Jīn suǒ wèi Huì kōng chán yuàn zhě, Bāo zhī lú zhǒng yě。Jù qí yuàn dōng wǔ lǐ, suǒ wèi Huá yáng dòng zhě, yǐ qí nǎi Huá shān zhī yáng míng zhī yě。

距洞百餘步, 有碑仆道[5], 其文漫滅, 獨其爲文猶可識曰 "花山" . 今言 "華" 如 "華實" 之 "華" 者, 蓋音謬也.

Jù dòng bǎi yú bù, yǒu bēi pú dào, qí wén màn miè, dú qí wéi wén yóu kě shí yuē "Huā shān "。Jīn yán "huá "rú "huá shí "zhī "huá "zhě, gài yīn miù yě。

其下平曠, 有泉側出, 而記游者甚衆, 所謂前洞也. 由山以上五六里, 有穴窈然, 入之甚寒, 問其深, 則其雖好游者不能窮也, 謂之後洞.

Qí xià píng kuàng, yǒu quán cè chū, ér jì yóu zhě shèn zhòng, suǒ wèi qián dòng yě。Yóu shān yǐ shàng wǔ liù lǐ, yǒu xué yǎo rán, rù zhī shèn hán, wèn qí shēn, zé qí suī hǎo yóu zhě bù néng qióng yě, wèi zhī hòu dòng。

余與四人擁火以入, 入之愈深, 其進愈難, 而其見愈奇. 有怠[6]而欲出者, 曰： "不出, 火且盡" ；遂與之俱出.

Yú yǔ sì rén yōng huǒ yǐ rù, rù zhī yù shēn, qí jìn yù nán, ér qí jiàn yù qí。Yǒu dài ér yù chū zhě, yuē："Bù chū, huǒ qiě jìn "；suí yǔ zhī jù chū。

蓋余所至, 比好游者尙不能十一, 然視其左右, 來而記之者已少.

Gài yú suǒ zhì, bǐ hǎo yóu zhě shàng bù néng shí yī, rán shì qí zuǒ yòu, lái ér jì zhī zhě yǐ shǎo。

蓋其又深, 則其至又加少矣. 方是時, 予之力尙足以入, 火尙足以明也.

Gài qí yòu shēn, zé qí zhì yòu jiā shǎo yǐ。Fāng shì shí, yǔ zhī lì shàng zú yǐ rù, huǒ shàng zú yǐ míng yě。

---

4) 慧空禪院(혜공선원) : 사찰의 이름.
5) 仆道(부도) : 길에 넘어져 있다.
6) 怠(태) : 나태하다. 피곤하다.

既其出, 則或咎[7)]其欲出者, 而余亦悔其隨之, 而不得極夫游之樂也.

Jì qí chū, zé huò jiù qí yù chū zhě, ér yú yì huǐ qí suí zhī, ér bù dé jí fú yóu zhī lè yě。

於是余有嘆焉：古人之觀於天地、山川、草木、蟲魚、鳥獸, 往往有得, 以其求思之深, 而無不在也.

Yú shì yú yǒu tàn yān : gǔ rén zhī guān yú tiān dì 、shān chuān 、cǎo mù 、chóng yú 、niǎo shòu, wǎng wǎng yǒu dé, yǐ qí qiú sī zhī shēn, ér wú bù zài yě。

夫夷[8)]以近, 則游者衆；險以遠, 則至者少. 而世之奇偉、瑰怪、非常之觀, 常在於險遠, 而人之所罕至焉, 故非有志者不能至也.

Fú yí yǐ jìn, zé yóu zhě zhòng ; xiǎn yǐ yuǎn, zé zhì zhě shǎo。Ér shì zhī qí wěi 、guī guài 、fēi cháng zhī guān, cháng zài yú xiǎn yuǎn, ér rén zhī suǒ hǎn zhì yān, gù fēi yǒu zhì zhě bù néng zhì yě。

有志矣, 不隨以止也, 然力不足者亦不能至也. 有志與力, 而又不隨以怠, 至於幽暗昏惑而無物以相[9)]之, 亦不能至也.

Yǒu zhì yǐ, bù suí yǐ zhǐ yě, rán lì bù zú zhě yì bù néng zhì yě。Yǒu zhì yǔ lì, ér yòu bù suí yǐ dài, zhì yú yōu àn hūn huò ér wú wù yǐ xiàng zhī, yì bù néng zhì yě。

然力足以至焉而不至, 於人爲可譏[10)], 而在己爲有悔；盡吾志也, 而不能至者, 可以無悔矣, 其孰能譏之乎? 此余之所得也!

Rán lì zú yǐ zhì yān ér bù zhì, yú rén wéi kě jī, ér zài jǐ wéi yǒu huǐ ; jìn wú zhì yě, ér bù néng zhì zhě, kě yǐ wú huǐ yǐ, qí shú néng jī zhī hū? Cǐ yú zhī suǒ dé yě !

余於仆碑, 又以悲夫古書之不存, 後世之謬其傳而莫能名者, 何可勝道也哉! 此所以學者不可以不深思而愼[11)]取之也.

Yú yú pú bēi, yòu yǐ bēi fú gǔ shū zhī bù cún, hòu shì zhī miù qí chuán ér mò néng míng

7) 咎(구) : 허물. 책망하다.
8) 夷(이) : 평평하다.
9) 相(상) : 돕다.
10) 譏(기) : 나무라다.
11) 愼(신) : 삼가다. 신중하다.

zhě, hé kě shèng dào yě zāi! Cǐ suǒ yǐ xué zhě bù kě yǐ bù shēn sī ér shèn qǔ zhī yě。

四人者：廬陵[12]蕭君圭[13]君玉[14], 長樂[15]王回[16]深父[17], 余弟安國[18]平父[19]、安上[20]純父[21]. 至和元年七月某日, 臨川王某記.

Sì rén zhě : Lú líng Xiāo jūn guī jūn yù, Cháng lè Wáng huí shēn fǔ, yú dì Ān guó píng fǔ 、Ān shàng chún fǔ。Zhì hé yuán nián qī yuè mǒu rì, Lín chuān wáng mǒu jì。

(1) 현대 한어 번역(汉译)

褒禅山也叫华山。 唐代和尚慧褒以前在这里居住, 死后葬在那里；因为这个缘故, 后人就称此山为褒禅山。 现在人们所说的慧空禅院, 就是慧褒和尚的墓, 离那禅院东边五里, 是人们所说的华山洞, 因为它在华山南面而这样命名。 离山洞一百多步, 有一座石碑倒在路旁, 上面的文字已被损坏近乎磨灭, 勉强能认得出的地方还可以辨识出“花山”的字样。 现在将“华”读为“华实”的“华”, 大概是读音上的错误。

由此向下的那个山洞平坦而空阔, 有一股山泉从旁边涌出, 在这里游览、题记的人很多, 这叫做“前洞”。 经由山路向上五六里, 有个洞穴, 一派幽深的样子, 进去便(感到)寒气逼人, 打问它的深度, 就是那些喜欢游险的人也未能走到尽头——这是人们所说的“后洞”。 我和四个人打着火把走进去, 进去越深, 走起来越困难, 而所见到的景象越奇妙。 有个懈怠而想退出的

---

12) 廬陵(여릉) : 지명.
13) 蕭君圭(소군규) : 인명.
14) 君玉(군옥) : 蕭君圭(소군규)의 자(字).
15) 長樂(장락) : 지명.
16) 王回(왕회) : 인명.
17) 深父(심보) : 王回(왕회)의 자(字).
18) 安國(안국) : 왕안석의 아우.
19) 平父(평보) : 安国(안국)의 자(字).
20) 安上(안상) : 왕안석의 아우.
21) 純父(순보) : 安上(안상)의 자(字).

伙伴说：“再不出去，火把就要熄灭了。” 于是，只好都跟他退出来。 我们走进去的深度，比起那些喜欢游险的人来，大概还不足十分之一，然而看看左右的石壁，来此而题记的人已经很少了。 洞内更深的地方，大概来到的游人就更少了。 当(决定从洞内退出)时，我的体力还足够前进，火把还能够继续照明。 我们出洞以后，就有人埋怨那主张退出的人，我也后悔跟他出来，而没能尽兴。

于是我有所感慨。 古人观察天地、山川、草木、虫鱼、鸟兽，往往有所得益，是因为他们探究、思考深邃而且广泛。 平坦而又近的地方，前来游览的人便多；危险而又远的地方，前来游览的人便少。 但是世上奇妙雄伟、珍异奇特、非同寻常的景观，常常在那险阻、僻远，少有人至的地方，所以，不是有意志的人是不能到达的。 (虽然)有了志气，也不盲从别人而停止，但是体力不足的，也不能到达。 有了志气与体力，也不盲从别人、有所懈怠，但到了那幽深昏暗、令人迷乱的地方却没有必要的物件来支持，也不能到达。 可是，力量足以达到目的(而未能达到)，在别人(看来)是可以讥笑的，在自己来说也是有所悔恨的；尽了自己的主观努力而未能达到，便可以无所悔恨，这难道谁还能讥笑吗? 这就是我这次游山的收获。

我对于那座倒地的石碑，又感叹古代刻写的文献未能存留，后世讹传而无人弄清其真相的事，哪能说得完呢?这就是学者不可不深入思考而谨慎地援用资料的缘故。

同游的四个人是：庐陵人萧君圭，字君玉；长乐人王回，字深父；我的弟弟安国，字平父；安上，字纯父。 至和元年七月，临川人王安石记。

Bāo chán shān yě jiào Huá shān。Táng dài hé shàng Huì bāo yǐ qián zài zhè lǐ jū zhù, sǐ hòu zàng zài nà li ；yīn wèi zhè ge yuán gù, hòu rén jiù chēng cǐ shān wéi Bāo chán shān。Xiàn zài rén men suǒ shuō de Huì kōng chán yuàn, jiù shì Huì bāo hé shàng de mù ，lí nà chán yuàn dōng bian wǔ lǐ, shì rén men suǒ shuō de huá shān dòng, yīn wèi tā zài Huá shān nán miàn ér zhè yàng mìng míng。Lí shān dòng yī bǎi duō bù, yǒu yī zuò shí bēi dǎo zài lù páng, shàng miàn de wén zì yǐ bèi sǔn huài jìn hū mó miè, miǎn qiǎng néng rèn de chū de dì fang hái kě yǐ biàn shí chū “Huā shān ”de zì yàng。xiàn zài jiāng “huá ” dú wéi “huá shí ”de “huá ”, dà gài shì dú yīn shang de cuò wù。

Yóu cǐ xiàng xià de nà ge shān dòng píng tǎn ér kōng kuò, yǒu yī gǔ shān quán cóng páng biān yǒng chū, zài zhè lǐ yóu lǎn 、tí jì de rén hěn duō, zhè jiào zuò "qián dòng "。Jīng yóu shān lù xiàng shàng wǔ liù lǐ, yǒu ge dòng xué, yī pài yōu shēn de yàng zi, jìn qù biàn (gǎn dào) hán qì bī rén, dǎ wèn tā de shēn dù, jiù shì nà xiē xǐ huan yóu xiǎn de rén yě wèi néng zǒu dào jìn tóu —zhè shì rén men suǒ shuō de "hòu dòng "。Wǒ hé sì ge rén dǎ zhe huǒ bǎ zǒu jìn qù, jìn qù yuè shēn, zǒu qǐ lái yuè kùn nán, ér suǒ jiàn dào de jǐng xiàng yuè qí miào。Yǒu ge xiè dài ér xiǎng tuì chū de huǒ bàn shuō ："Zài bù chū qù, huǒ bǎ jiù yào xī miè le。" Yú shì, zhǐ hǎo dōu gēn tā tuì chū lái。Wǒ men zǒu jìn qù de shēn dù, bǐ qǐ nà xiē xǐ huan yóu xiǎn de rén lái, dà gài hái bù zú shí fēn zhī yī, rán ér kàn kan zuǒ yòu de shí bì, lái cǐ ér tí jì de rén yǐ jīng hěn shǎo le。Dòng nèi gèng shēn de dì fang, dà gài lái dào de yóu rén jiù gèng shǎo le。Dāng (jué dìng cóng dòng nèi tuì chū) shí, wǒ de tǐ lì hái zú gòu qián jìn, huǒ bǎ hái néng gòu jì xù zhào míng。Wǒ men chū dòng yǐ hòu, jiù yǒu rén mán yuàn nà zhǔ zhāng tuì chū de rén, wǒ yě hòu huǐ gēn tā chū lái, ér méi néng jìn xìng。

Yú shì wǒ yǒu suǒ gǎn kǎi。Gǔ rén guān chá tiān dì 、shān chuān 、cǎo mù 、chóng yú 、niǎo shòu, wǎng wǎng yǒu suǒ dé yì, shì yīn wèi tā men tàn jiū 、sī kǎo shēn suì ér qiě guǎng fàn。Píng tǎn ér yòu jìn de dì fang, qián lái yóu lǎn de rén biàn duō ；wēi xiǎn ér yòu yuǎn de dì fang, qián lái yóu lǎn de rén biàn shǎo。dàn shì shì shàng qí miào xióng wěi 、zhēn yì qí tè 、fēi tóng xún cháng de jǐng guān, cháng cháng zài nà xiǎn zǔ 、pì yuǎn, shǎo yǒu rén zhì de dì fang, suǒ yǐ, bú shì yǒu yì zhì de rén shì bù néng dào dá de。(Suī rán) yǒu le zhì qì, yě bù máng cóng bié rén ér tíng zhǐ, dàn shì tǐ lì bù zú de, yě bù néng dào dá。Yǒu le zhì qì yǔ tǐ lì, yě bù máng cóng bié rén 、yǒu suǒ xiè dài, dàn dào le nà yōu shēn hūn àn 、lìng rén mí luàn de dì fang què méi yǒu bì yào de wù jiàn lái zhī chí, yě bù néng dào dá。Kě shì, lì liàng zú yǐ dá dào mù de (ér wèi néng dá dào), zài bié rén (kàn lái) shì kě yǐ jī xiào de, zài zì jǐ lái shuō yě shì yǒu suǒ huǐ hèn de ；jìn le zì jǐ de zhǔ guān nǔ lì ér wèi néng dá dào, biàn kě yǐ wú suǒ huǐ hèn, zhè nán dào shéi hái néng jī xiào ma? Zhè jiù shì wǒ zhè cì yóu shān de shōu huò。

Wǒ duì yú nà zuò dǎo dì de shí bēi, yòu gǎn tàn gǔ dài kè xiě de wén xiàn wèi néng cún liú, hòu shì é chuán ér wú rén nòng qīng qí zhēn xiàng de shì, nǎ néng shuō de wán ne? Zhè jiù shì xué zhě bù kě bù shēn rù sī kǎo ér jǐn shèn de yuán yòng zī liào de yuán gù。

Tóng yóu de sì ge rén shì ：Lú líng rén Xiāo jūn guī, zì jūn yù ；Cháng lè rén Wáng huí, zì shēn fǔ ；wǒ de dì di Ān guó, zì píng fǔ ；Ān shàng, zì chún fǔ。zhì hé yuán nián qī yuè, Lín chuān rén Wáng ān shí jì。

(2) 한국어 스토리텔링(韩语 讲故事)

＊ 중심어 : 포선산(褒禪山)에 대한 소개 - 포선산(褒禪山)의 동굴 - 동굴을 나와서 깨달은 점 - 학문하는 사람의 마음가짐

(3) 중국어 스토리텔링(汉语 讲故事)

* 중심어(关键词) : 褒禅山 – 褒禅山的山洞 – 出洞后的感慨 – 求学人的心态

第八章

묵지기(墨池記)
- 증공(曾鞏)

墨池記

Mò chí jì

曾鞏(1019-1083)[1)]

Céng gǒng

臨川[2)]之城東, 有地隱然[3)]而高, 以臨於溪, 曰新城. 新城之上, 有池洼然[4)]而方以長, 曰王羲之[5)]之墨池者, 荀伯子[6)]《臨川記》云也.

Lín chuān zhī chéng dōng, yǒu dì yǐn rán ér gāo, yǐ lín yú xī, yuē xīn chéng。Xīn chéng zhī shàng, yǒu chí wā rán ér fāng yǐ cháng, yuē Wáng xī zhī zhī Mò chí zhě, Xún bó zǐ《Lín chuān jì 》yún yě。

---

1) 증공은 송대(宋代)의 저명한 문장가로 당송팔대가(唐宋八大家)의 한 사람이다.
2) 臨川(임천) : 지명. 지금의 강서성(江西省)에 위치한다.
3) 隱然(은연) : 천천히 높아지는 모양.
4) 洼然(와연) : 웅덩이처럼 파인 모양.
5) 王羲之(왕희지) : 동진(東晋)시기의 서예가. 일반적으로 왕우군(王右軍)으로 불렸다.
6) 荀伯子(순백자) : 남조(南朝) 송(宋)나라의 관리.

羲之嘗慕張芝[7], 臨池學書, 池水盡黑, 此爲其故迹, 豈信然邪?

Xī zhī cháng mù Zhāng zhī, lín chí xué shū, chí shuǐ jìn hēi, cǐ wéi qí gù jì, qǐ xìn rán yě?

方羲之之不可强以仕, 而嘗極東方, 出沧海, 以娱其意於山水之間；豈其徜徉[8]肆恣, 而又嘗自休於此邪?

Fāng Xī zhī zhī bù kě qiǎng yǐ shì, ér cháng jí dōng fāng, chū cāng hǎi, yǐ yú qí yì yú shān shuǐ zhī jiān；qǐ qí cháng yáng sì zì, ér yòu cháng zì xiū yú cǐ yě?

羲之之書晚乃善, 則其所能, 蓋亦以精力自致者, 非天成也.

Xī zhī zhī shū wǎn nǎi shàn, zé qí suǒ néng, gài yì yǐ jīng lì zì zhì zhě, fēi tiān chéng yě。

然後世未有能及者, 豈其學不如彼邪?則學固豈可以少[9]哉, 况欲深造道德者邪?

Rán hòu shì wèi yǒu néng jí zhě, qǐ qí xué bù rú bǐ yě? Zé xué gù qǐ kě yǐ shǎo zāi, kuàng yù shēn zào dào dé zhě yě?

墨池之上, 今爲州[10]學舍[11]. 教授[12]王君盛[13]恐其不章[14]也, 書‘晋王右軍墨池’之六字於楹[15]間以揭之.

Mò chí zhī shàng, jīn wéi zhōu xué shè。Jiāo shòu Wáng jūn shèng kǒng qí bù zhāng yě, shū ‘Jìn wáng yòu jūn mò chí’ zhī liù zì yú yíng jiān yǐ jiē zhī。

又告於鞏曰：“願有記”. 推王君之心, 豈愛人之善, 雖一能[16]不以廢,

---

7) 張芝(장지) : 동한(東漢)시기의 서예가로 초서(草書)에 뛰어났다고 한다.
8) 徜徉(상양) : 한가롭게 거닐다.
9) 少(소) : 가볍게 보다. 경시하다.
10) 州(주) : 무주(撫州).
11) 州學舍(주학사) : 주부(州府)의 학교 건물. 교사(校舍).
12) 教授(교수) : 관직명. 학생을 지도하는 역할을 담당했다.
13) 王君盛(왕군성) : 인명, 왕성. 군(君)은 이름에 씨나 선생처럼 붙이는 말이다.
14) 章(장) : 드러나다.
15) 楹(영) : 기둥.
16) 一能(일능) : 한 가지의 재능.

而因以及乎其迹邪?其亦欲推其事以勉其學者邪?

Yòu gào yú Gǒng yuē : “Yuàn yǒu jì ”。Tuī Wáng jūn zhī xīn, qǐ ài rén zhī shàn, suī yī néng bù yǐ fèi, ér yīn yǐ jí hū qí jì yě? Qí yì yù tuī qí shì yǐ miǎn qí xué zhě yě?

夫人之有一能而使後人尙之如此, 况仁人莊士之遺風餘思被[17]於來世者何如哉!

Fú rén zhī yǒu yī néng ér shǐ hòu rén shàng zhī rú cǐ, kuàng rén rén zhuāng shì zhī yí fēng yú sī bèi yú lái shì zhě hé rú zāi!

慶歷[18]八年九月十二日, 曾鞏記.

Qìng lì bā nián jiǔ yuè shí èr rì, Céng gǒng jì。

(1) 현대 한어 번역(汉译)

临川郡城的东边有块高地, 边上有溪水, 名叫新城。 新城的上面, 有一口又低又深的长方形的池子, 叫做王羲之墨池。 这是荀伯子的《临川记》所说的。 王羲之曾经仰慕书法家张芝, 在池边练书法, 水被染黑了, 这就是他的故迹。 确实这样吗?

当王羲之不肯勉强做官的时候, 他曾游遍越东, 泛舟东海, 在山水之间使自己心情愉快。 难道当他逍遥遨游尽情游览的时候, 曾经在此地休息过吗? 王羲之的书法到了晚年才特别好, 看来他所以能有这么深的造诣, 也是凭借自己勤奋, 不是天才所致。 但后世没有能及得上王羲之的, 莫非是他们下的学习功夫不如王羲之吧。 那么学习下的功夫本来怎么可以少呢!更何况对于想要在道德方面取得很高的成就的人呢?

墨池旁边现在是抚州州学的校舍。 教授王君盛害怕关于墨池的事迹不显著, 就写了“晋王右军墨池”这六个大字悬挂在门前两柱之间, 又对我

17) 被(피) : 이르게 하다. 영향을 미치다.
18) 慶歷(경력) : 송(宋)나라 인종(仁宗)의 연호.

说：“希望有篇叙记文章。”我推测王君的心意，莫非是因为爱好别人的长处，即使是一技之长也不肯让它埋没，因此就连他的遗迹一起重视吗?或者是想借王羲之的事迹来勉励学生吗?人有一技之长，尚且使后代人尊崇到这般地步，更不用说有德才的人留下来的作风和思想对后世的影响有多大呢!

庆历八年九月十二日，曾巩

Lín chuān jùn chéng de dōng bian yǒu kuài gāo dì, biān shàng yǒu xī shuǐ, míng jiào xīn chéng。Xīn chéng de shàng miàn, yǒu yī kǒu yòu dī yòu shēn de cháng fāng xíng de chí zi, jiào zuò Wáng xī zhī mò chí。Zhè shì Xún bó zǐ de《Lín chuān jì 》suǒ shuō de。Wáng xī zhī céng jīng yǎng mù shū fǎ jiā Zhāng zhī, zài chí biān liàn shū fǎ, shuǐ bèi rǎn hēi le, zhè jiù shì tā de gù jì。Què shí zhè yàng ma?

Dāng Wáng xī zhī bù kěn miǎn qiǎng zuò guān de shí hou, tā céng yóu biàn yuè dōng, fàn zhōu dōng hǎi, zài shān shuǐ zhī jiān shǐ zì jǐ xīn qíng yú kuài。Nán dào dāng tā xiāo yáo áo yóu jìn qíng yóu lǎn de shí hou, céng jīng zài cǐ dì xiū xi guò ma? Wáng xī zhī de shū fǎ dào le wǎn nián cái tè bié hǎo, kàn lái tā suǒ yǐ néng yǒu zhè me shēn de zào yì, yě shì píng jiè zì jǐ qín fèn, bú shì tiān cái suǒ zhì。Dàn hòu shì méi yǒu néng jí de shang Wáng xī zhī de, mò fēi shì tā men xià de xué xí gōng fu bù rú Wáng xī zhī ba。Nà me xué xí xià de gōng fu běn lái zěn me kě yǐ shǎo ne! Gèng hé kuàng duì yú xiǎng yào zài dào dé fāng miàn qǔ dé hěn gāo de chéng jiù de rén ne?

Mò chí páng biān xiàn zài shì Fǔ zhōu zhōu xué de xiào shè。Jiāo shòu Wáng jūn shèng hài pà guān yú mò chí de shì jì bù xiǎn zhe, jiù xiě le“Jìn wáng yòu jūn mò chí ”zhè liù ge dà zì xuán guà zài mén qián liǎng zhù zhī jiān, yòu duì wǒ shuō ：“Xī wàng yǒu piān xù jì wén zhāng。”Wǒ tuī cè Wáng jūn de xīn yì, mò fēi shì yīn wèi ài hào bié rén de cháng chu, jí shǐ shì yī jì zhī cháng yě bù kěn ràng tā mái méi, yīn cǐ jiù lián tā de yí jì yī qǐ zhòng shì ma? Huò zhě shì xiǎng jiè Wáng xī zhī de shì jì lái miǎn lì xué sheng ma? Rén yǒu yī jì zhī cháng, shàng qiě shǐ hòu dài rén zūn chóng dào zhè bān dì bù, gèng bú yòng shuō yǒu dé cái de rén liú xià lái de zuò fēng hé sī xiǎng duì hòu shì de yǐng xiǎng yǒu duō dà ne!

Qìng lì bā nián jiǔ yuè shí èr rì, Céng gǒng

(2) 한국어 스토리텔링(韩语 讲故事)

* 중심어 : 왕희지의 묵지 - 왕희지의 서예 조예 - 학업의 노력과 도덕의 배양

(3) 중국어 스토리텔링(汉语 讲故事)

* 중심어(关键词) : 王羲之墨池 – 王羲之的书法造诣 – 德才的培养

第九章

등태산기(登泰山記) - 요내(姚鼐)

登泰山記

Dēng Tài shān jì

姚鼐(1731-1815)

Yáo nài

泰山之陽[1], 汶水[2]西流；其陰, 濟水[3]東流. 陽谷皆入汶, 陰谷皆入濟.

Tài shān zhī yáng, Wèn shuǐ xī liú；qí yīn, Jǐ shuǐ dōng liú。Yáng gǔ jiē rù Wèn, yīn gǔ jiē rù Jǐ。

當其南北分者, 古長城[4]也. 最高日觀峰[5], 在長城南十五里.

Dāng qí nán běi fēn zhě, Gǔ cháng chéng yě。Zuì gāo Rì guān fēng, zài Cháng chéng nán shí wǔ lǐ。

余以乾隆[6]三十九年十二月, 自京師乘[7]風雪, 歷[8]齊河、長清, 穿泰山西北谷, 越長城之限, 至於泰安.

Yú yǐ Qián lóng sān shí jiǔ nián shí èr yuè, zì Jīng shī chéng fēng xuě, lì Qí hé 、Cháng qīng, chuān Tài shān xī běi gǔ, yuè Cháng chéng zhī xiàn, zhì yú Tài ān。

是月丁未, 與知府[9]朱孝純[10]子穎[11]由南麓[12]登. 四十五里, 道皆砌石爲

---

1) 陽(양) : 남쪽, 양지쪽.
2) 汶水(문수) : 강 이름.
3) 濟水(제수) : 강 이름.
4) 古長城(고장성) : 전국(戰國)시대 제(齊)나라 장성.
5) 日觀峰(일관봉) : 태산(泰山) 동남쪽에 있는 봉우리.
6) 乾隆(건륭) : 청(淸)나라 고종(高宗)의 연호(年號).
7) 乘(승) : 무릅쓰다.
8) 歷(역) : 지나다. 거쳐 가다.
9) 知府(지부) : 관직명.
10) 朱孝純(주효순) : 인명.
11) 子穎(자영) : 주효순의 자(字).
12) 麓(녹) : 산기슭.

磴[13], 其級七千有餘.

Shì yuè dīng wèi, yǔ Zhī fǔ Zhū xiào chún Zǐ yǐng yóu nán lù dēng。sì shí wǔ lǐ, dào jiē qì shí wéi dèng, qí jí qī qiān yǒu yú。

泰山正南面有三谷. 中谷繞泰安城下, 酈道元[14]所謂環水也.

Tài shān zhèng nán miàn yǒu sān gǔ。zhōng gǔ rào Tài ān chéng xià, Lì dào yuán suǒ wèi huán shuǐ yě。

余始循以入, 道少半[15], 越中嶺, 復循西谷, 遂至其巔[16]. 古時登山, 循東谷入, 道有天門[17].

Yú shǐ xún yǐ rù, dào shǎo bàn, yuè zhōng lǐng, fù xún xī gǔ, suí zhì qí diān。gǔ shí dēng shān, xún dōng gǔ rù, dào yǒu Tiān mén。

東谷者, 古謂之天門溪水, 余所不至也. 今所經中嶺及山巔, 崖限當道[18]者, 世皆謂之天門云.

Dōng gǔ zhě, gǔ wèi zhī Tiān mén xī shuǐ, yú suǒ bù zhì yě。Jīn suǒ jīng zhōng lǐng jí shān diān, yá xiàn dāng dào zhě, shì jiē wèi zhī Tiān mén yún。

道中迷霧[19]冰滑, 磴幾不可登. 及既上, 蒼山負雪, 明燭天南；望晚日照城郭, 汶水、徂徠[20]如畫, 而半山居霧[21]若帶然.

Dào zhōng mí wù bīng huá, dèng jǐ bù kě dēng。Jí jì shàng, cāng shān fù xuě, míng zhú tiān nán；wàng wǎn rì zhào chéng guō, Wèn shuǐ、Cú lái rú huà, ér bàn shān jū wù ruò dài rán。

---

13) 磴(등) : 돌계단.
14) 酈道元(역도원) : 북위(北魏)시기의 지리학자.
15) 少半(소반) : 절반도 충분히 가지 못하다. 즉, 반도 못가다.
16) 巓(전) : 산꼭대기.
17) 天門(천문) : 태산에 있는 하늘로 통한다는 문을 말한다.
18) 當道(당도) : 길을 막다.
19) 迷霧(미무) : 안개가 자욱하다.
20) 徂徠(조래) : 산 이름.
21) 半山居霧(반산거무) : 산중턱에 안개가 걸쳐 있다.

戊申晦[22), 五鼓[23), 與子穎坐日觀亭[24), 待日出. 大風揚積雪擊面. 亭東自足下皆雲漫.

Wù shēn huì, wǔ gǔ, yǔ Zǐ yǐng zuò Rì guān tíng, dài rì chū。dà fēng yáng jī xuě jī miàn。tíng dōng zì zú xià jiē yún màn。

稍見雲中白若摴蒱[25), 數十立者, 山也. 極天雲一線異色, 須臾[26)成五彩.

Shāo jiàn yún zhōng bái ruò chū pú, shù shí lì zhě, shān yě。Jí tiān yún yī xiàn yì sè, xū yú chéng wǔ cǎi。

日上, 正赤如丹, 下有紅光, 動搖承之. 或曰, 此東海也. 回視日觀以西峰, 或得日或否, 絳皓[27)駁色[28), 而皆若僂[29).

Rì shàng, zhèng chì rú dān, xià yǒu hóng guāng, dòng yáo chéng zhī。Huò yuē, cǐ Dōng hǎi yě。Huí shì Rì guān yǐ xī fēng, huò dé rì huò fǒu, jiàng hào bó sè, ér jiē ruò lǚ。

亭西有岱祠[30), 又有碧霞元君祠[31)；皇帝行宮在碧霞元君祠東.

Tíng xī yǒu Dài cí, yòu yǒu Bì xiá yuán jūn cí；huáng dì xíng gōng zài Bì xiá yuán jūn cí dōng。

是日, 觀道中石刻, 自唐顯慶[32)以來, 其遠古刻盡漫失[33). 僻不當[34)道者, 皆不及往.

Shì rì, guān dào zhōng shí kè, zì Táng Xiǎn qìng yǐ lái, qí yuǎn gǔ kè jìn màn shī。Pì bù dāng

---

22) 晦(회) : 한 달의 마지막 날.
23) 五鼓(오고) : 오경(五更), 새벽 4시.
24) 日觀亭(일관정) : 일관봉(日觀峰)에 있는 정자.
25) 摴蒱(저포) : 도박에 쓰이는 도구. 윷놀이와 유사함.
26) 須臾(수유) : 아주 짧은 시간.
27) 絳皓(강호) : 붉은 색과 흰색.
28) 駁色(박색) : 색깔이 섞이다.
29) 僂(루) : 곱사등이. 여기에서는 인사하는 모양으로 비유했다.
30) 岱祠(대사) : 태산(泰山)의 신 동악대제(東嶽大帝)를 모시는 사당.
31) 碧霞元君祠(벽하원군사) : 동악대제의 딸인 벽하원군을 모시는 사당.
32) 顯慶(현경) : 당(唐)나라 고종(高宗)의 연호(年號).
33) 漫失(만실) : 훼손되어 모호해지고 없어졌다.
34) 當(당) : 마주하다.

dào zhě, jiē bù jí wǎng。

山多石, 少土；石蒼黑色, 多平方, 少圜. 少雜樹, 多松, 生石罅[35), 皆平頂[36).

Shān duō shí, shǎo tǔ ; shí cāng hēi sè, duō píng fāng, shǎo yuán。Shǎo zá shù, duō sōng, shēng shí xià, jiē píng dǐng。

冰雪, 無瀑水, 無鳥獸音迹. 至日觀數里内無樹, 而雪與人膝齊[37).

Bīng xuě, wú bào shuǐ, wú niǎo shòu yīn jì。Zhì Rì guān shù lǐ nèi wú shù, ér xuě yǔ rén xī qí。

桐城姚鼐記.

Tóng chéng Yáo nài jì。

(1) 현대 한어 번역(汉译)

泰山的南面, 汶河向西流；泰山的北面, 济水向东流。 南面向阳山谷中的水流汶河, 北面背阴山谷中的水流进济水。 正在南北山谷分界的地方, 是古长城。 最高的日观峰在长城南十五里的地方。

我在乾隆三十九年十二月从京城出发, 冒着风雪, 经过齐河县、长清县, 穿越泰山西北的山谷, 跨过长城的界限, 到达泰安。 这月丁未日, 我和泰安知府朱孝纯从南边的山脚登山。 行走四十五里, 道路都是石板台阶, 有七千多级。

泰山正南面有三条山谷, 当中那条山谷的水环绕泰安城, 这就是郦道元书中所说的环水。 我开始沿着中间这条山谷往里走。 道路不到一半, 翻过中岭, 再沿着西边的那条山谷走, 就到了泰山的顶巅。 古时候登泰山, 沿着东

35) 罅(하) : 틈바구니.
36) 平頂(평정) : 사람의 키 높이를 말함.
37) 齊(제) : 고르다. 같다.

边的山谷进入，道路中有座天门。东边的山谷，古时候称它为“天门溪水”，是我没有到过的。现在经过的中岭和山顶，象门槛一样阻挡道路的山崖，世上人都称它为“天门”。一路上大雾、冰冻，石板石阶几乎无法走。等到已经登上山顶，只见深青色的山被白雪覆盖，明亮的雪光照耀着南边的天空。远望夕阳映照着泰安城，汶水、徂徕山就象是一幅美丽的山水画，停留在半山腰处的云雾，又象是一条舞动的飘带似的。

戊申日正是十二月的最后一天，五更时，我和朱孝纯坐在日观亭上，等着看日出。这时大风扬起的积雪扑面打来。日观亭东面从脚底往下一片云雾迷漫，依稀可见云中几十个小白点象“五木”骰子一样立在那里，都是远山。天边云彩上有一线奇异的颜色，一会儿又变成五颜六色。太阳升起来了，纯正的红色象朱砂一样，下面有红光晃动摇荡着托着它。有人说，那就是东海。回首观望日观峰以西的山峰，有的被日光照着，有的没有，紫红、淡白，各种深浅不同的颜色，又都象弯腰曲背的样子。

日观亭西面有一座东岳大帝庙，又有一座碧霞元君庙。皇帝的行宫就在碧霞元君庙的东面，这天看见途中路两旁刻写的石碑，是从唐显庆年间以来的；那些更古老的石碑都磨灭不清了。至于偏僻不在路边的石碑，都没来得及去看。

山上石头多，泥土少。山石都呈青黑色，大多是平的、方形的，很少圆形的。杂树很少，多是松树，松树都生长在石头的缝隙里，树顶是平的。冰天雪地，没有瀑布溪水，也没有飞鸟走兽的声音和踪迹。日观峰附近几里以内没有什么树木，积雪厚得同人的膝盖一样高。

桐城人姚鼐记述。

Tài shān de nán miàn, Wèn hé xiàng xī liú ；Tài shān de běi miàn, Jǐ shuǐ xiàng dōng liú。Nán miàn xiàng yáng shān gǔ zhōng de shuǐ liú Wèn hé, běi miàn bèi yīn shān gǔ zhōng de shuǐ liú jìn Jǐ shuǐ。Zhèng zài nán běi shān gǔ fēn jiè de dì fang, shì Gǔ cháng chéng。zuì gāo de Rì guān fēng zài Cháng chéng nán shí wǔ lǐ de dì fang。

Wǒ zài Qián lóng sān shí jiǔ nián shí èr yuè cóng jīng chéng chū fā, mào zhe fēng xuě, jīng guò Qí hé xiàn 、Cháng qīng xiàn, chuān yuè Tài shān xī běi de shān gǔ, kuà guò Cháng chéng de jiè xiàn, dào dá Tài ān。Zhè yuè dīng wèi rì, wǒ hé Tài ān Zhī fǔ Zhū xiào chún cóng nán bian de shān jiǎo dēng shān。Xíng zǒu sì shí wǔ lǐ, dào lù dōu shì shí bǎn tái jiē, yǒu qī qiān duō jí。

Tài shān zhèng nán miàn yǒu sān tiáo shān gǔ, dāng zhōng nà tiáo shān gǔ de shuǐ huán rào Tài ān chéng, zhè jiù shì Lì dào yuán shū zhōng suǒ shuō de huán shuǐ。Wǒ kāi shǐ yán zhe zhōng jiān zhè tiáo shān gǔ wǎng lǐ zǒu。Dào lù bú dào yī bàn, fān guò zhōng lǐng, zài yán zhe xī bian de nà tiáo shān gǔ zǒu, jiù dào le Tài shān de dǐng diān。Gǔ shí hou dēng Tài shān, yán zhe dōng bian de shān gǔ jìn rù, dào lù zhōng yǒu zuò Tiān mén。Dōng bian de shān gǔ, gǔ shí hou chēng tā wéi "Tiān mén xī shuǐ ", shì wǒ méi yǒu dào guo de。Xiàn zài jīng guò de zhōng lǐng hé shān dǐng, xiàng mén kǎn yī yàng zǔ dǎng dào lù de shān yá, shì shàng rén dōu chēng tā wéi "Tiān mén"。Yī lù shang dà wù、bīng dòng, shí bǎn shí jiē jī hū wú fǎ zǒu。Děng dào yǐ jīng dēng shàng shān dǐng, zhǐ jiàn shēn qīng sè de shān bèi bái xuě fù gài, míng liàng de xuě guāng zhào yào zhe nán bian de tiān kōng。Yuǎn wàng xī yáng yìng zhào zhe Tài ān chéng, Wèn shuǐ、Cú lái shān jiù xiàng shì yī fú měi lì de shān shuǐ huà, tíng liú zài bàn shān yāo chù de yún wù, yòu xiàng shì yī tiáo wǔ dòng de piāo dài sì de。

Wù shēn rì zhèng shì shí èr yuè de zuì hòu yī tiān, wǔ gēng shí, wǒ hé Zhū xiào chún zuò zài Rì guān tíng shang, děng zhe kàn rì chū。Zhè shí dà fēng yáng qǐ de jī xuě pū miàn dǎ lái。Rì guān tíng dōng miàn cóng jiǎo dǐ wǎng xià yī piàn yún wù mí màn, yī xī kě jiàn yún zhong jǐ shí ge xiǎo bái diǎn xiàng "wǔ mù" tóu zi yī yàng lì zài nà li, dōu shì yuǎn shān。Tiān bian yún cǎi shang yǒu yī xiàn qí yì de yán sè, yī huìr yòu biàn chéng wǔ yán liù sè。Tài yáng shēng qǐ lái le, chún zhèng de hóng sè xiàng zhū shā yī yàng, xià miàn yǒu hóng guāng huǎng dòng yáo dàng zhe tuō zhe tā。Yǒu rén shuō, nà jiù shì Dōng hǎi。huí shǒu guān wàng Rì guān fēng yǐ xī de shān fēng, yǒu de bèi rì guāng zhào zhe, yǒu de méi yǒu, zǐ hóng、dàn bái, gè zhǒng shēn qiǎn bù tóng de yán sè, yòu dōu xiàng wān yāo qū bèi de yàng zi。

Rì guān tíng xī miàn yǒu yī zuò Dōng yuè dà dì miào, yòu yǒu yī zuò Bì xiá yuán jūn miào。Huáng dì de xíng gōng jiù zài Bì xiá yuán jūn miào de dōng miàn, zhè tiān kàn jiàn tú zhong lù liǎng páng kè xiě de shí bēi, shì cóng Táng Xiǎn qìng nián jiān yǐ lái de ；nà xiē gèng gǔ lǎo de shí bēi dōu mó miè bù qīng le。Zhì yú piān pì bú zài lù bian de shí bēi, dōu méi lái de jí qù kàn。

Shān shang shí tou duō, ní tǔ shǎo。Shān shí dōu chéng qīng hēi sè, dà duō shì píng de、fāng xíng de, hěn shǎo yuán xíng de。Zá shù hěn shǎo, duō shì sōng shù, sōng shù dōu shēng zhǎng zài shí tou de féng xì li, shù dǐng shì píng de。Bīng tiān xuě dì, méi yǒu bào bù xī shuǐ, yě méi yǒu fēi niǎo zǒu shòu de shēng yīn hé zōng jì。Rì guān fēng fù jìn jǐ lǐ yǐ nèi méi yǒu shén me shù mù, jī xuě hòu dé tóng rén de xī gài yī yàng gāo。

Tóng chéng rén Yáo nài jì shù。

(2) 한국어 스토리텔링(韩语 讲故事)

* 중심어 : 태산(강, 옛 장성, 일관봉) - 태산 산행(계곡, 돌계단, 천문) - 일관정의 일출 - 산상의 자연환경

(3) 중국어 스토리텔링(汉语 讲故事)

* 중심어(关键词) : 泰山(河, 古长城, 日观峰) – 泰山山行(山谷, 石级, 天门) – 日观亭日出 – 山上的自然环境

第十章

병매관기(病梅館記) - 공자진(龔自珍)

病梅館記

Bìng méi guǎn jì

龔自珍(1792-1841)[1)]

Gōng zì zhēn

江寧之龍蟠[2)], 蘇州之鄧尉[3)], 杭州之西溪[4)], 皆産梅. 或曰：“梅以曲爲美, 直則無姿；以欹[5)]爲美, 正則無景；以疏爲美, 密則無態.” 固也.

Jiāng níng zhī Lóng pán, Sū zhōu zhī Dèng wèi, Háng zhōu zhī Xī xī, jiē chǎn méi。Huò yuē：“Méi yǐ qū wéi měi, zhí zé wú zī；yǐ qī wéi měi, zhèng zé wú jǐng；yǐ shū wéi měi, mì zé wú tài。” Gù yě。

1) 清代의 저명한 사상가이자 문인이다. 서양열강의 침략에 반대하며 清朝의 개혁을 주장했다.
2) 龍蟠(용반) : 지명, 지금의 남경(南京) 청량산(淸凉山) 아래.
3) 鄧尉(등위) : 산명, 지금의 소주(蘇州) 서남쪽.
4) 西溪(서계) : 지명, 지금의 항주(杭州) 영은산(靈隱山) 부근.
5) 欹(의) : 기울어지다. 비스듬하다.

此文人畫士, 心知其意, 未可明詔[6)]大號以繩[7)]天下之梅也；

Cǐ wén rén huà shì, xīn zhī qí yì, wèi kě míng zhào dà hào yǐ shéng tiān xià zhī méi yě ；

又不可以使天下之民斫[8)]直, 刪密, 鋤[9)]正, 以夭梅病梅爲業以求錢也.

Yòu bù kě yǐ shǐ tiān xià zhī mín zhuó zhí, shān mì, chú zhèng, yǐ yāo méi bìng méi wéi yè yǐ qiú qián yě。

梅之欹之疏之曲, 又非蠢蠢[10)]求錢之民能以其智力爲也.

Méi zhī yī zhī shū zhī qū, yòu fēi chǔn chǔn qiú qián zhī mín néng yǐ qí zhì lì wéi yě。

有以文人畫士孤癖之隱明告鬻[11)]梅者, 斫其正, 養其旁條, 刪其密, 夭其稚枝, 鋤其直, 遏[12)]其生氣, 以求重價, 而江浙之梅皆病.

Yǒu yǐ wén rén huà shì gū pǐ zhī yǐn míng gào yù méi zhě, zhuó qí zhèng, yǎng qí páng tiáo, shān qí mì, yāo qí zhì zhī, chú qí zhí, è qí shēng qì, yǐ qiú zhòng jià, ér jiāng zhè zhī méi jiē bìng。

文人畫士之禍之烈至此哉!

Wén rén huà shì zhī huò zhī liè zhì cǐ zāi!

予購三百盆, 皆病者, 無一完者. 既泣之三日, 乃誓療之：

Yǔ gòu sān bǎi pén, jiē bìng zhě, wú yī wán zhě。jì qì zhī sān rì, nǎi shì liáo zhī ：

縱之順之, 毁其盆, 悉埋於地, 解其棕縛[13)]；以五年爲期, 必復之全之.

zòng zhī shùn zhī, huǐ qí pén, xī mái yú dì, jiě qí zōng fù ; yǐ wǔ nián wéi qī, bì fù zhī quán

6) 詔(조) : 고하다. 윗사람이 아랫사람에게 선포하다.
7) 繩(승) : 줄. 얽매다. 가늠하다.
8) 斫(작) : 베다.
9) 鋤(서) : 호미. 김매다. 없애다.
10) 蠢蠢(준준) : 꿈틀거리다. 소란하다. 우둔하다.
11) 鬻(죽) : 팔다.
12) 遏(알) : 막다. 억누르다.
13) 棕縛(종박) : 종려나무로 묶어놓은 것.

zhī。

予本非文人畵士, 甘受詬厲[14], 辟病梅之館以貯[15]之.

Yǔ běn fēi wén rén huà shì, gān shòu gòu lì, pì bìng méi zhī guǎn yǐ zhù zhī。

嗚呼! 安得使予多暇日, 又多閑田, 以廣貯江寧、杭州、蘇州之病梅, 窮[16]予生之光陰以療梅也哉!

Wū hū! Ān dé shǐ yǔ duō xiá rì, yòu duō xián tián, yǐ guǎng zhù Jiāng níng、Háng zhōu、Sū zhōu zhī bìng méi, qióng yǔ shēng zhī guāng yīn yǐ liáo méi yě zāi!

(1) 현대 한어 번역(汉译)

江宁的龙蟠里, 苏州的邓尉山, 杭州的西溪, 都出产梅。 有人说："梅凭着弯曲的姿态被认为是美丽的, 笔直了就没有风姿；凭着枝干倾斜被认为是美丽的, 端正了就没有景致；凭着枝叶稀疏被认为是美丽的, 茂密了就没有姿态。" 本来就如此。 这, 文人画家在心里明白它的意思, 却不便公开宣告, 大声疾呼, 用这种标准来约束天下的梅。 又不能够来让天下种梅人砍掉笔直的枝干、除去繁密的枝条、锄掉端正的枝条, 把枝干摧折、使梅花呈病态作为职业来谋求钱财。 梅的枝干的倾斜、枝叶的疏朗、枝干的弯曲, 又不是那些忙于赚钱的人能够凭借他们的智慧、力量做得到的。 有的人把文人画士这隐藏在心中的特别嗜好明白地告诉卖梅的人, 使他们砍掉端正的枝干, 培养倾斜的侧枝, 除去繁密的枝干, 摧折它的嫩枝, 锄掉笔直的枝干, 阻碍它的生机, 用这样的方法来谋求大价钱, 于是江苏、浙江的梅都成病态了。 文人画家造成的祸害严重到这个地步啊!

我买了三百盆梅, 都是病梅, 没有一盆完好的。 我已经为它们流了好几

14) 詬厲(후려) : 모욕과 화

15) 貯(저) : 쌓다. 두다.

16) 窮(궁) : 다하다.

天泪之后，于是发誓要治疗它们：我放开它们，使它们顺其自然生长，毁掉那些盆子，把梅全部种在地里，解开捆绑它们棕绳的束缚；把五年作为期限，一定使它们恢复和使它们完好。我本来不是文人画士，心甘情愿受到辱骂，开设一个病梅馆来贮存它们。

唉!怎么能让我有多一些空闲时间，又有多一些空闲的田地，来广泛贮存南京、杭州、苏州的病态的梅树，竭尽我毕生的时间来治疗病梅呢!

Jiāng níng de Lóng pán li, Sū zhōu de Dèng wèi shān, Háng zhōu de Xī xī, dōu chū chǎn méi。Yǒu rén shuō ："Méi píng zhe wān qū de zī tài bèi rèn wéi shì měi lì de, bǐ zhí le jiù méi yǒu fēng zī ；píng zhe zhī gàn qīng xié bèi rèn wéi shì měi lì de, duān zhèng le jiù méi yǒu jǐng zhì ；píng zhe zhī yè xī shū bèi rèn wéi shì měi lì de, mào mì le jiù méi yǒu zī tài。" Běn lái jiù rú cǐ。Zhè, wén rén huà jiā zài xīn li míng bai tā de yì si, què bú biàn gōng kāi xuān gào, dà shēng jí hū, yòng zhè zhǒng biāo zhǔn lái yuē shù tiān xià de méi。Yòu bù néng gòu lái ràng tiān xià zhǒng méi rén kǎn diào bǐ zhí de zhī gàn 、chú qù fán mì de zhī tiáo 、chú diào duān zhèng de zhī tiáo, bǎ zhī gàn cuī zhé 、shǐ méi huā chéng bìng tài zuò wéi zhí yè lái móu qiú qián cái。Méi de zhī gàn de qīng xié 、zhī yè de shū lǎng 、zhī gàn de wān qū, yòu bú shì nà xiē máng yú zuàn qián de rén néng gòu píng jiè tā men de zhì huì 、lì liàng zuò de dào de。Yǒu de rén bǎ wén rén huà shì zhè yǐn cáng zài xīn zhong de tè bié shì hào míng bai de gào su mài méi de rén, shǐ tā men kǎn diào duān zhèng de zhī gàn, péi yǎng qīng xié de cè zhī, chú qù fán mì de zhī gàn, cuī zhé tā de nèn zhī, chú diào bǐ zhí de zhī gàn, zǔ ài tā de shēng jī, yòng zhè yàng de fāng fǎ lái móu qiú dà jià qián, yú shì Jiāng sū 、Zhè jiāng de méi dōu chéng bìng tài le。Wén rén huà jiā zào chéng de huò hài yán zhòng dào zhè ge dì bù ā!

Wǒ mǎi le sān bǎi pén méi, dōu shì bìng méi, méi yǒu yī pén wán hǎo de。Wǒ yǐ jīng wèi tā men liú le hǎo jǐ tiān lèi zhī hòu, yú shì fā shì yào zhì liáo tā men ：wǒ fàng kāi tā men, shǐ tā men shùn qí zì rán shēng zhǎng, huǐ diào nà xiē pén zi, bǎ méi quán bù zhòng zài dì li, jiě kāi kǔn bǎng tā men zōng shéng de shù fù ；bǎ wǔ nián zuò wéi qī xiàn, yī dìng shǐ tā men huī fù hé shǐ tā men wán hǎo。Wǒ běn lái bú shì wén rén huà shì, xīn gān qíng yuàn shòu dào rǔ mà, kāi shè yī ge bìng méi guǎn lái zhù cún tā men。

Āi! Zěn me néng ràng wǒ yǒu duō yī xiē kōng xián shí jiān, yòu yǒu duō yī xiē kōng xián de tián dì, lái guǎng fàn zhù cún Nán jīng 、Háng zhōu 、Sū zhōu de bìng tài de méi shù, jié jìn wǒ bì shēng de shí jiān lái zhì liáo bìng méi ne!

(2) 한국어 스토리텔링(韩语 讲故事)

* 중심어 : 매화의 속성(굽고, 기울고, 성기고) - 문인화가 - 병든 매화 - 매화를 땅에 심음.

(3) 중국어 스토리텔링(汉语 讲故事)

* 중심어(关键词) : 梅花天性 – 文人画士 – 病梅 – 把梅种在地里

古代漢語

02

고대 한어(古代漢語) 명편(名篇) 2

第一章

백이열전(伯夷列傳)
- 司馬遷 · 『史記』

伯夷列傳

Bó yí liè zhuàn

司馬遷[1)]

Sī mă qiān

夫學者載籍[2)]極博, 猶考信於六藝[3)]；詩書雖缺[4)], 然虞、夏之文[5)]可知也.

Fú xué zhě zài jí jí bó, yóu kăo xìn yú liù yì； shī shū suī quē, rán Yú、Xià zhī wén kě zhī yě。

堯將遜位[6)], 讓於虞舜, 舜、禹之間, 岳牧咸薦, 乃試之於位. 典職[7)]數十年, 功用[8)]旣興, 然後授政.

Yáo jiāng xùn wèi, ràng yú Yú Shùn, Shùn、Yŭ zhī jiān, yuè mù xián jiàn, năi shì zhī yú wèi。Diăn zhí shù shí nián, gōng yòng jì xīng, rán hòu shòu zhèng。

示天下重器[9)], 王者大統[10)], 傳天下若斯之難也. 而說者曰：「堯讓天下

---

1) 전한(前漢)시대의 역사가이며『사기(史記)』의 저자이다. 중국 최고의 역사가로 칭송된다.
2) 載籍(재적): 서적.
3) 六藝(육예): 즉 육경(六經). 공자가 편찬한 시경(詩經), 서경(書經), 예경(禮經), 악경(樂經), 춘추(春秋), 역경(易經)을 말한다. 이중 악경은 일실되었고, 서경은 진시황의 분서갱유 때 없어졌다가 후세 사람들이 다시 편집했다.
4) 진시황의 분서갱유 때 시경과 서경의 일부가 없어진 일을 말한다.
5) 虞夏之文(우하지문):『상서(尙書)』의「요전(堯典)」,「순전(舜典)」,「대우모(大禹謨)」편을 가리킨다. 이 편에 선양에 대한 상세한 기록이 있다.
6) 遜位(손위): 양위(讓位).
7) 典職(전직): 정사를 관장하다.
8) 功用(공용): 업적(業績). 성취(成就).
9) 重器(중기): 나라의 보물.
10) 大統(대통): 제위(帝位).

於許由[11], 許由不受, 恥之逃隱. 及夏之時, 有卞隨、務光[12]者. 」

Shì tiān xià zhòng qì, wáng zhě dà tǒng, chuán tiān xià ruò sī zhī nán yě。Ér shuō zhě yuē :「Yáo ràng tiān xià yú Xǔ yóu, Xǔ yóu bù shòu, chǐ zhī táo yǐn。Jí Xià zhī shí, yǒu Biàn suí、Wù guāng zhě。」

何以稱焉? 太史公曰：余登箕山, 其上蓋有許由冢云. 孔子序列古之仁聖賢人, 如吳太伯、伯夷之倫, 詳矣.

Hé yǐ chēng yān? Tài shǐ gōng yuē : Yú dēng Jī shān, qí shàng gài yǒu Xǔ yóu zhǒng yún。Kǒng zǐ xù liè gǔ zhī rén shèng xián rén, rú Wú tài bó、Bó yí zhī lún, xiáng yǐ。

余以所聞, 由光義至高, 其文辭不少概見, 何哉?

Yú yǐ suǒ wén, yóu guāng yì zhì gāo, qí wén cí bù shǎo gài xiàn, hé zāi?

孔子曰：「伯夷、叔齊, 不念舊惡, 怨是用希.」「求仁得仁, 又何怨乎」余悲伯夷之意, 睹軼詩, 可異焉.

Kǒng zǐ yuē :「Bó yí、Shū qí, bù niàn jiù è, yuàn shì yòng xī。」「Qiú rén dé rén, yòu hé yuàn hū?」Yú bēi Bó yí zhī yì, dǔ yì shī, kě yì yān。

其傳曰：「伯夷、叔齊, 孤竹君之二子也；父欲立叔齊. 及父卒, 叔齊讓伯夷.

Qí zhuàn yuē :「Bó yí、Shū qí, Gū zhú jūn zhī èr zǐ yě ; fù yù lì shū qí。Jí fù zú, Shū qí ràng Bó yí。

伯夷曰：『父命也. 』遂逃去. 叔齊亦不肯立而逃之；國人立其中子. 於是伯夷、叔齊聞西伯昌善養老, 盍往歸焉!

Bó yí yuē :『Fù mìng yě。』Suì táo qù。Shū qí yì bù kěn lì ér táo zhī ; gúo rén lì qí zhōng zǐ。

---

11) 許由(허유):요임금 때의 은자. 전하는 바에 의하면 요임금이 그에게 임금의 자리를 선양하려고 하자 받지 않고 영수(穎水) 북쪽의 기산(箕山)으로 달아나 숨어버렸다. 그 뒤 다시 요임금이 불러 구주(九州)의 장을 맡기려고 했으나 그 말은 들은 허유는 자기 귀가 더렵혀졌다고 영수의 물가로 달려가 그 귀를 씻었다고 한다.

12) 卞隨(변수)·務光(무광): 상나라 때의 은자들. 하걸(夏桀)을 멸한 상탕(商湯)이 임금의 자리를 이 두 사람에게 물려주려고 하자 이를 치욕으로 생각하고 강물에 몸을 던져 자살했다고 한다.

Yú shì Bó yí、Shū qí wén Xī bó jīng shàn yǎng lǎo, hé wǎng guī yān!

及至, 西伯卒, 武王載木主[13], 號爲文王, 東伐紂. 伯夷、叔齊叩馬[14]而諫曰：『父死不葬, 爰及干戈[15], 可謂孝乎? 以臣殺君, 可謂仁乎?』 左右欲兵之.

Jí zhì, Xī bó zú, Wǔ wáng zài mù zhǔ, hào wéi wén wáng, dōng fá zhòu。Bó yí、Shū qí kòu mǎ ér jiàn yuē :『Fù sǐ bù zàng, yuán jí gān gē, kě wèi xiào hū? Yǐ chén shā jūn, kě wèi rén hū?』Zuǒ yòu yù bīng zhī。

太公曰：『此義人也.』扶而去之. 武王已平殷亂, 天下宗周[16]；而伯夷、叔齊恥之, 義不食周粟, 隱於首陽山, 采薇而食之.

Tài gōng yuē :『Cǐ yì rén yě。』Fú ér qù zhī。Wǔ wáng yǐ píng yīn luàn, tiān xià zōng zhōu ; ér Bó yí、Shū qí chǐ zhī, yì bù shí zhōu sù, yǐn yú Shǒu yáng shān, cǎi wēi ér shí zhī。

及餓且死, 作歌, 其辭曰：『登彼西山兮, 采其薇矣!以暴易暴兮, 不知其非矣!神農、虞、夏, 忽焉沒兮；我安適[17]歸矣?

Jí è qiě sǐ, zuò gē, qí cí yuē :『Dēng bǐ xī shān xī, cǎi qí wēi yǐ! Yǐ bào yì bào xī, bù zhī qí fēi yǐ! Shén nóng、Yú、Xià, hū yān mò xī ; Wǒ ān shì guī yǐ?

于嗟[18]徂兮, 命之衰矣!』遂餓死於首陽山.」由此觀之, 怨邪非邪?

Xū jiē cú xī, mìng zhī shuāi yǐ!』Suì è sǐ yú Shǒu yáng shān。」Yóu cǐ guān zhī, yuàn yé fēi yé?

或曰：「天道無親[19], 常與善人.」若伯夷、叔齊, 可謂善人者非邪?

Huò yuē :「Tiān dào wú qīn, cháng yǔ shàn rén。」Ruò Bó yí、Shū qí, kě wèi shàn rén

13) 木主(목주): 위패.
14) 叩馬(고마): 말을 멈춰 세우다.
15) 干戈(간과): 방패와 창. 전쟁.
16) 宗周(종주): 주나라를 종주국로 삼다.
17) 適(적): 가다(往).
18) 于嗟(우차): 탄식하다.
19) 無親(무친): 편애함이 없다.

zhě fēi yé?

積仁絜行, 如此而餓死! 且七十子之徒, 仲尼獨薦顏淵爲好學；然回也屢空, 糟糠不厭[20], 而卒蚤夭[21].

Jī rén jié xíng, rú cǐ ér è sǐ。Qiě qī shí zǐ zhī tú, Zhòng ní dú jiàn Yán yuān wéi hào xué； rán huí yě lǚ kōng, zāo kāng bù yàn, ér zú zǎo yāo。

天之報施善人, 其何如哉? 盜跖日殺不辜, 肝人之肉, 暴戾恣睢[22], 聚黨數千人, 橫行天下, 竟以壽終, 是遵何德哉?

Tiān zhī bào shī shàn rén, qí hé rú zāi? Dào zhí rì shā bù gū, gān rén zhī ròu, bào lì zì suī, jù dǎng shù qiān rén, héng xíng tiān xià, jìng yǐ shòu zhōng, shì zūn hé dé zāi?

此其尤大彰明較著[23]者也. 若至近世, 操行不軌, 專犯忌諱, 而終身逸樂, 富厚累世不絕.

Cǐ qí yóu dà zhāng míng jiào zhù zhě yě。Ruò zhì jìn shì, cāo xíng bù gǔi, zhuān fàn jì huì, ér zhōng shēn yì lè, fù hòu lèi shì bù jué。

或擇地而蹈之[24], 時[25]然後出言, 行不由徑, 非公正不發憤, 而遇禍災者, 不可勝數也!

Huò zé dì ér dǎo zhī, shí rán hòu chū yán, xíng bù yóu jìng, fēi gōng zhèng bù fā fèn, ér yù huò zāi zhě, bù kě shèng shù yě!

余甚惑焉. 儻所謂天道, 是邪非邪?

Yú shèn huò yān。tǎng suǒ wèi tiān dào, shì yé fēi yé?

---

20) 不厭(불염): 배불리 먹지 못하다.
21) 蚤夭(조요): 일찍 죽음. '蚤'은 '早'와 통함.
22) 暴戾恣睢(폭려자휴): 포악하고 제멋대로이다.
23) 彰明較著(창명교저): 대단히 뚜렷하다. '彰' '明' '較' '著' 모두 명확하다. 뚜렷하다는 뜻.
24) 擇地而蹈之(택지이도지): 땅을 가려 밟다. 경거망동하지 않다.
25) 時(시): 시의에 적절하다. 때가 되다.

子曰：「道不同, 不相爲謀.」亦各從其志也.

Zǐ yuē :「Dào bù tóng, bù xiāng wéi móu。」Yì gè cóng qí zhì yě。

故曰：「富貴如可求, 雖執鞭之士, 吾亦爲之；如不可求, 從吾所好.」「歲寒, 然後知松柏之後凋.」

Gù yuē :「Fù guì rú kě qiú, suī zhí biān zhī shì, wú yì wéi zhī； rú bù kě qiú, cóng wú suǒ hào。」「Suì hán, rán hòu zhī sōng bǎi zhī hòu diāo。」

擧世混濁, 淸士乃見. 豈以其重若彼, 其輕若此哉?[26]「君子疾沒世而名不稱焉.」

Jǔ shì hùn zhuó, qīng shì nǎi xiàn。Qǐ yǐ qí zhòng ruò bǐ, qí qīng ruò cǐ zāi?「Jūn zǐ jí mò shì ér míng bù chēng yān。」

賈子[27]曰：「貪夫徇財[28], 烈士徇名, 夸者[29]死權[30], 衆庶馮生[31].」「同明相照, 同類相求. 雲從龍, 風從虎. 聖人作而萬物睹.」[32]

Jiǎ zǐ yuē :「Tān fū xùn cái, liè shì xùn míng, kuā zhě sǐ quán, zhòng shù píng shēng。」「Tóng míng xiāng zhào, tóng lèi xiàng qiú。Yún cóng lóng, fēng cóng hǔ。Shèng rén zuò ér wàn wù dǔ。」

伯夷、叔齊雖賢, 得夫子而名益彰；顔淵雖篤學, 附驥尾[33]而行益顯. 巖穴之士, 趨舍有時[34]；若此類, 名堙滅而不稱, 悲夫!

---

26) 豈以其重若彼(기이기중약피), 其輕若此哉(기경약차재): 속인들은 부귀를 중히 여기고, 청렴한 사람들은 이처럼 부귀를 가벼이 여기기 때문이다.
27) 賈子(가자): 가의(賈誼). 한대 정치가이자 문장가.
28) 徇財(순재): 목숨을 버려가며 재물을 모으다.
29) 夸者(과자): 자기 능력을 과시하는 사람.
30) 死權(사권): 권세를 위해 죽다.
31) 馮生(풍생): 목숨에 매달리다.
32) 『周易·乾卦』에 나오는 말로 원문은 "同聲相應, 同氣相求, 水流濕, 火就燥, 雲從龍, 風從虎, 聖人 作而萬物睹."이다.
33) 附驥尾(부기미): 천리마의 꼬리에 붙어서 천리를 간다는 뜻이다. 여기서는 공자의 제자 안회(顔回)가 공자와 같은 성인으로부터 칭송을 받음으로써 그의 명성이 후세에 까지 떨치게 된 것을 비유한 것이다.
34) 趨舍有時(추사유시): 나아가고 물러남이 시의에 맞다.

Bó yí、Shū qí suī xián, dé fū zǐ ér míng yì zhāng； Yán yuān suī dǔ xué, fù jì wěi ér xíng yì xiǎn。Yán xué zhī shì, qū shě yǒu shí； ruò cǐ lèi, míng yīn miè ér bù chēng, bēi fū!

閭巷之人, 欲砥行立名者, 非附青雲之士, 惡能施於後世哉!

Lǘ xiàng zhī rén, yù dǐ xíng lì míng zhě, fēi fù qīng yún zhī shì, wū néng shī yú hòu shì zāi!

(『史記』[35])

Shǐ jì

(1) 현대 한어 번역(汉译)

世上记事的书虽多, 但学者们仍然以“六艺”等经典为凭据。《诗经》、《尚书》虽有缺损, 但是记载虞、夏两代的文字都是有的。尧将退位, 让给虞舜, 还有舜让位给禹的时候, 都是由四方诸侯长和州牧们推荐出来的, 于是, 让他们先试着任职工作, 主持事务数十年, 做出了成就, 建立了功绩, 然后再把大政交给他们。这是表示天下是极贵重的宝器, 帝王是最大的统领者, 把天下移交给继承者就是困难。然而, 也有人说, 尧要把天下让给许由, 许由不肯, 以为是一种耻辱而隐居起来。到了夏代, 又有卞随、务光等人。这些人又为什么要受到赞扬呢?太史公说：我登过箕山, 相传山上有许由之墓。孔子依次评论古代的仁人、圣人、贤人, 对吴太伯和伯夷等讲得很详细。我听说许由、务光等节义品德至为高尚, 而经书中有关他们的一点儿也见不到, 这是为什么呢?

孔子说：“伯夷、叔齐, 不是老记着人家以前的过错, 因此怨恨他们的人少。”“追求仁德而得到仁德, 又有什么可怨恨的呢?”我对伯夷兄弟的用意深感悲痛, 但看到那些逸诗又感到诧异。他们的传记说道：伯夷、叔齐是孤竹君的两个儿子。父亲想把王位传给叔齐, 到了父亲去世以后, 叔齐要

35) 전한(前漢)의 사마천이 지은 기전체(紀傳體) 사서. 황제(黃帝)부터 한무제(漢武帝)까지의 역사를 기록하고 있다.

让位给伯夷。伯夷说："这是父亲的遗命啊!"于是便逃走了。叔齐也不肯即位而逃走。国人只好立孤竹君的第二个儿子为王。这时，伯夷、叔齐听说西伯昌能关心老人，抚养老人，便商量着说：我们何不去投奔他呢?等到达那里，西伯已去世了。武王用车载着西伯的神主，追谥为文王，率军东进去征伐商纣。伯夷、叔齐拉住武王的马而谏阻道："父亲死了却不安葬，大动干戈去打仗，这难道是孝的行为吗?身为臣子，却要杀害国君，这算做仁德吗?"周王左右的人准备杀掉他们，太公说："他们是义人啊!"扶着他们离开了。武王摧毁了殷商的统治，天下都归了周，而伯夷、叔齐却认为可耻，为了表示对殷商的忠，不肯再吃周朝的粮食，隐居在首阳山中，靠着采食薇菜充饥。到了由于饥饿而将死的时候，作了一首歌，说："登上那西山啊，采些那薇菜呀!用暴力来取代暴力，不知道这是错误的。神农、虞舜和夏禹，授政仁人相禅让，圣人倏忽辞世去，我辈今日向何方?啊，别啦，永别啦!命运衰薄令人哀伤!"终于饿死在首阳山中。从这些记载来看，伯夷、叔齐是怨呢，还是不怨呢?

有人说："天道并不对谁特别偏爱，但通常是帮助善良人的。"像伯夷、叔齐，总可以算得上是善良的人了吧!难道不是吗?他们行善积仁，修养品行，这样的好人竟然给饿死了!再说孔子的七十二位贤弟子这批人吧，仲尼特别赞扬颜渊好学。然而颜回常常为贫穷所困扰，连酒糟谷糠一类的食物都吃不饱，终于过早地去世了。上天对于好人的报偿，到底是怎样的呢?盗跖天天在屠杀无辜的人，割人肝，吃人肉，胡作非为，聚党数千人，横行天下，竟然长寿。他又究竟积了什么德，行了什么善呢?这几个例子是最典型，最能说明问题的了。若要说到近代，那种品行不遵循法度，专门违法乱纪的人，反倒能终身安逸享乐，富贵优裕，一代一代地传下去；而有的人居住的地方要精心地加以选择；说话要待到合适的时机才启唇；走路只走大路，不抄小道；不是为了主持公正，就不表露愤懑，结果反倒遭遇灾祸。这种情形多得简直数也数不清。我深感困惑不解。倘若有所谓天道，那么这是天道呢，不是天道呢?

孔子说"主义不同的人，不互相商议谋划"，都各自按照自己的意志去做事。孔子又说："富贵如果能够求得，就是要干手拿鞭子的卑贱的职务，我也愿意去干；如果不能求得，那还是按照我自己的喜好去吧!”“天气寒冷以后，才知道松树、柏树是最后落叶的。”世间到处混浊龌龊，那清白高洁的人就显得格外突出。 这岂不是因为他们是如此重视道德和品行，又是那样鄙薄富贵与苟活啊! “君子感到痛心的是到死而名声不被大家所称颂。”贾谊说：“贪得无厌的人为追求钱财而不惜一死，胸怀大志的人为追求名节而不惜一死，作威作福的人为追求权势而不惜一死，芸芸众生只顾惜自己的生命。”“同是明灯，方能相互辉照；同是一类，方能相互亲近。”“飞龙腾空而起，总有祥云相随；猛虎纵身一跃，总有狂风相随；圣人一出现，万物的本来面目便都被揭示得清清楚楚。”伯夷、叔齐虽然贤明，由于得到了孔子的赞扬，名声才更加响亮；颜渊虽然好学，由于追随孔子，品德的高尚才更加明显。 那些居住在深山洞穴之中的隐士们，他们出仕与退隐也都很注重原则，有一定的时机，而他们的名字(由于没有圣人的表彰)，就大都被埋没了，不被人们所传颂，真可悲啊!一个下层的平民，要想磨练品行，成名成家，如果不依靠德高望重的贤人，怎么可能让自己的名声流传于后世呢?

shì shàng jì shì de shū suī duō, dàn xué zhě mén réng rán yǐ “liù yì” děng jīng diǎn wéi píng jù。《shī jīng》、《shàng shū》 suī yǒu quē sǔn, dàn shì jì zǎi Yú、Xià liǎng dài de wén zì dōu shì yǒu de。 Yáo jiāng tuì wèi, ràng gěi Yú Shùn, hái yǒu Shùn ràng wèi gěi Yǔ de shí hou, dōu shì yóu sì fāng zhū hóu zhǎng hé zhōu mù mén tuī jiàn chū lái de, yú shì, ràng tā mén xiān shì zhe rèn zhí gōng zuò, zhǔ chí shì wù shù shí nián, zuò chū le chéng jiù, jiàn lì le gōng jì, rán hòu zài bǎ dà zhèng jiāo gěi tā mén。 Zhè shì biǎo shì tiān xià shì jí guì zhòng de bǎo qì, dì wáng shì zuì dà de tǒng lǐng zhě, bǎ tiān xià yí jiāo gěi jì chéng zhě jiù shì kùn nan。 Rán ér, yě yǒu rén shuō, Yáo yào bǎ tiān xià ràng gěi Xǔ yóu, Xǔ yóu bù kěn, yǐ wéi shì yī zhǒng chǐ rǔ ér yǐn jū qǐ lái。 Dào le Xià dài, yòu yǒu Biàn suí、Wù guāng děng rén。 Zhè xiē rén yòu wèi shén me yào shòu dào zàn yáng ne? Tài shǐ gōng shuō： Wǒ dēng guò Jī shān, xiāng chuán shān shàng yǒu Xǔ yóu zhī mù。 Kǒng zǐ yī cì píng lùn gǔ dài de rén rén、shèng rén、xián rén, duì Wú tài bó hé Bó yí děng jiǎng dé hěn xiáng xì。Wǒ tīng shuō Xǔ yóu、Wù guāng děng jié yì pǐn dé zhì wéi gāo shàng, ér jīng shū zhōng yǒu guān tā mén de yī diǎnr yě jiàn bù dào, zhè shì wèi shén me ne?

Kǒng zǐ shuō：“Bó yí、Shū qí, bù shì lǎo jì zhe rén jiā yǐ qián de guò cuò, yīn cǐ yuàn hèn tā mén de rén shǎo。”“Zhuī qiú rén dé ér dé dào rén dé, yòu yǒu shén me kě yuàn hèn de ne?” Wǒ duì Bó yí xiōng dì de yòng yì shēn gǎn bēi tòng, dàn kàn dào nà xiē yì shī yòu gǎn dào chà yì。 Tā mén de zhuàn jì shuō dào： Bó yí、Shū qí shì Gū zhú jūn de liǎng ge ér zi。Fù qīn xiăng bă wáng wèi chuán gĕi Shū qí, dào le fù qīn qù shì yĭ hòu, Shū qí yào ràng wèi gĕi Bó yí。Bó yí shuō：“Zhè shì fù qīn de yí mìng ā!” Yú shì biàn táo zǒu le。Shū qí yě bù kěn jí wèi ér táo zǒu。Gúo rén zhĭ hăo lì Gū zhú jūn de dì èr ge ér zi wéi wáng。Zhè shí, Bó yí、Shū qí tīng shuō Xī bó chāng néng guān xīn lăo rén, fŭ yăng lăo rén, biàn shāng liang zhe shuō：Wŏ men hé bù qù tóu bèn tā ne? Děng dào dá nà li, Xī bó yĭ qù shì le。Wŭ wáng yòng chē zăi zhe Xī bó de shén zhŭ, zhuī shì wéi wén wáng, shuài jūn dōng jìn qù zhēng fá shāng zhòu。Bó yí、Shū qí lā zhù Wŭ wáng de mă ér jiàn zŭ dào：“Fù qīn sĭ le què bù ān zàng, dà dòng gān gē qù dă zhàng, zhè nán dào shì xiào de xíng wéi ma? Shēn wéi chén zĭ, què yào shā hài gúo jūn, zhè suàn zuò rén dé ma?” Zhōu wáng zuŏ yòu de rén zhŭn bèi shā diào tā men, tài gōng shuō：“Tā men shì yì rén ā!” Fú zhe tā men lí kāi le。Wŭ wáng cuī hŭi le yīn shāng de tŏng zhì, tiān xià dōu guī le zhōu, ér Bó yí、Shū qí què rèn wéi kĕ chĭ, wèi le biăo shì duì yīn shāng de zhōng, bù kĕn zài chī zhōu cháo de liáng shí, yĭn jū zài Shŏu yáng shān zhōng, kào zhe căi shí wēi cài chōng jī。Dào le yóu yú jī è ér jiāng sĭ de shí hou, zuò le yī shŏu gē, shuō：“Dēng shàng nà xī shān ā, căi xiē nà wēi cài ya! Yòng bào lì lái qŭ dài bào lì, bù zhī dào zhè shì cuò wù de。Shén nóng、Yú Shùn hé Xià yŭ, shòu zhèng rén rén xiàng shàn ràng, shèng rén shū hū cí shì qù, wŏ bèi jīn rì xiàng hé fāng? ā, bié lā, yŏng bié lā! Mìng yùn shuāi bó lìng rén āi shāng!” Zhōng yú è sĭ zài Shŏu yáng shān zhōng。Cóng zhè xiē jì zăi lái kàn, Bó yí、Shū qí shì yuàn ne, hái shi bù yuàn ne?

Yŏu rén shuō：“Tiān dào bìng bù duì shéi tè bié piān ài, dàn tōng cháng shì bāng zhù shàn liáng rén de。” Xiàng Bó yí、Shū qí, zŏng kĕ yĭ suàn dé shàng shì shàn liáng de rén le ba! Nán dào bù shì ma? Tā men xíng shàn jī rén, xiū yăng pĭn xíng, zhè yàng de hăo rén jìng rán gĕi è sĭ le! Zài shuō Kŏng zĭ de qī shí èr wèi xián dì zĭ zhè pī rén ba, Zhòng ní tè bié zàn yáng Yán yuān hào xué。Rán ér Yán huí cháng cháng wéi pín qióng suŏ kùn răo, lián jiŭ zāo gŭ kāng yī lèi de shí wù dōu chī bù băo, zhōng yú guò zăo de qù shì le。Shàng tiān duì yú hăo rén de bào cháng, dào dĭ shì zĕn yàng de ne? Dào zhí tiān tiān zài tú shā wú gū de rén, gē rén gān, chī rén ròu, hú zuò fēi wéi, jù dăng shù qiān rén, héng xíng tiān xià, jìng rán cháng shòu。Tā yòu jiū jìng jī le shén me dé, xíng le shén me shàn ne? Zhè jĭ ge lì zi shì zuì diăn xíng, zuì néng shuō míng wèn tí de le。Ruò yào shuō dào jìn dài, nà zhŏng pĭn xíng bù zūn xún fă dù, zhuān mén wéi fă luàn jì de rén, făn dào néng zhōng shēn ān yì xiăng lè, fù guì yōu yù, yī dài yī dài de chuán xià qù；ér yŏu de rén jū zhù de dì fang yào jīng xīn de jiā yĭ xuăn zé；shuō huà yào dài dào hé shì de shí jī cái qĭ chún；zŏu lù zhĭ zŏu dà lù, bù chāo xiăo dào；bù shì wèi le zhŭ chí gōng zhèng, jiù bù biăo lù fèn mèn, jiē guŏ făn dào zāo yù zāi huò。Zhè zhŏng qíng xíng duō de jiăn zhí shù yĕ shù bu qīng。Wŏ shēn găn kùn huò bù jiĕ。Tăng ruò yŏu suŏ wèi tiān dào, nà me zhè shì tiān dào ne, bù shì tiān dào ne?

Kŏng zĭ shuō “Zhŭ yì bù tóng de rén, bù hù xiāng shāng yì móu huá”, dōu gè zì àn zhào zì jĭ de yì zhì qù zuò shì。Kŏng zĭ yòu shuō：“Fù guì rú guŏ néng gòu qiú dé, jiù shì yào gān shŏu ná biān zi de bēi jiàn de zhí wù, wŏ yĕ yuàn yì qù gàn；rú guŏ bù néng qiú dé, nà hái shi àn zhào wŏ zì jĭ de xĭ hào qù ba!” “Tiān qì hán lĕng yĭ hòu, cái zhī dào sōng shù、băi shù shì zuì hòu luò yè de。” Shì jiān dào chù hùn zhúo wò chuò, nà qīng bái gāo jié de rén jiù xiăn dé gé wài tū chū。Zhè qĭ bù shì yīn wèi tā men shì rú cĭ zhòng shì dào dé hé pĭn xíng, yòu shì nà yàng bĭ bó fù guì yŭ gŏu húo ā! “Jūn zĭ găn dào tòng xīn de shì dào sĭ ér míng shēng bù bèi dà jiā suǒ chēng sòng。" jiǎ yì shuō : "Tān dé wú yàn de rén wèi zhuī qiú qián cái ér bù xī yī sǐ, xiōng huái dà zhì de rén wèi zhuī qiú míng jié ér bù xī yī sǐ, zuò wēi zuò fú de rén wèi zhuī qiú quán shì ér bù xī yī sǐ, yún yún zhòng shēng zhǐ gù xī zì jǐ de shēng mìng。" "Tóng shì míng dēng, fāng néng xiāng hù huī zhào ; tóng shì yī lèi, fāng néng xiāng hù qīn jìn。" " Fēi lóng téng kòng ér qǐ, zǒng yǒu xiáng yún xiàng suí ; měng hǔ zòng shēn yī yuè, zǒng yǒu kuáng fēng xiāng suí ; shèng rén yī chū xiàn, wàn wù de běn lái miàn mù biàn dōu bèi jiē shì de qīng qing chǔ chǔ。" Bó yí、Shū qí suī rán xián míng, yóu yú dé dào le Kǒng zǐ de zàn yáng, míng shēng cái gèng jiā xiǎng liàng ; Yán yuān suī rán hào xué, yóu yú zhuī suí Kǒng zǐ, pǐn dé de gāo shàng cái gèng jiā míng xiǎn。Nà xiē jū zhù zài shēn shān dòng xué zhī zhōng de yǐn shì men, tā men chū shì yǔ tuì yǐn yě dōu hěn zhù zhòng yuán zé, yǒu yī dìng de shí jī, ér tā men de míng zì（yóu yú méi yǒu shèng rén de biǎo zhāng）, jiù dà dōu bèi mái mò le, bù bèi rén men suǒ chuán sòng, zhēn kě bēi ā! Yī ge xià céng de píng mín, yào xiǎng mó liàn pǐn xíng, chéng míng chéng jiā, rú guǒ bù yī kào dé gāo wàng zhòng de xián rén, zěn me kě néng ràng zì jǐ de míng shēng liú chuán yú hòu shì ne?

(2) 한국어 스토리텔링(韩语 讲故事)

* 중심어 : 백이, 숙제, 서백창, 무왕, 태공여상, 수양산

(3) 중국어 스토리텔링(汉语 讲故事)

* 중심어(关键词) : 伯夷, 叔齐, 西伯昌, 武王, 太公呂尙 首阳山

第二章

출사표(出師表) - 제갈공명(諸葛孔明)

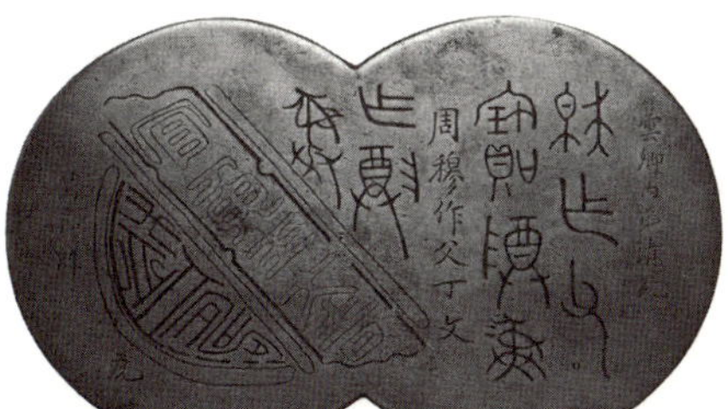

出師表[1)]

Chū shī biǎo

諸葛亮(181-234)[2)]

Zhū gě liàng

先帝[3)]創業未半而中道崩殂[4)], 今天下三分, 益州疲弊, 此誠危急存亡之秋[5)]也.

Xiān dì chuàng yè wèi bàn ér zhōng dào bēng cú, jīn tiān xià sān fèn, yì zhōu pí bì, cǐ chéng wēi jí cún wáng zhī qiū yě。

然侍衛之臣不懈[6)]於內, 忠志之士忘身於外者, 蓋追先帝之殊遇, 欲報之於陛下也.

Rán shì wèi zhī chén bù xiè yú nèi, zhōng zhì zhī shì wàng shēn yú wài zhě, gài zhuī xiān dì zhī shū yù, yù bào zhī yú bì xià yě。

誠宜開張聖聽, 以光先帝遺德, 恢弘志士之氣, 不宜妄自菲薄[7)], 引喻失義, 以塞[8)]忠諫之路也.

Chéng yí kāi zhāng shèng tīng, yǐ guāng xiān dì yí dé, huī hóng zhì shì zhī qì, bù yí wàng zì fēi bó, yǐn yù shī yì, yǐ sè zhōng jiàn zhī lù yě。

宮中府中, 俱爲一體, 陟罰臧否[9)], 不宜異同.

Gōng zhōng fǔ zhōng, jù wéi yī tǐ, zhì fá zāng pǐ, bù yí yì tóng。

---

1) 表(표): : 신하가 임금에게 올리는 글.
2) 제갈공명은 삼국시대(三國時代) 촉(蜀)나라의 유비(劉備)를 도운 정치가이다.
3) 先帝(선제) : 돌아가신 황제, 윱;(劉備).
4) 崩殂(붕조) : 황제의 죽음. 붕어하다.
5) 秋(추) : 때, 시점
6) 懈(해) : 게으르다.
7) 菲薄(비박) : 천하다. 보잘 것 없다.
8) 塞(색) : 막다.
9) 陟罰臧否(척벌장비) : 척(陟)은 상을 주다, 장(臧)은 선행이나 잘한 일, 비(否)는 악행이나 악함.

若有作姦犯科[10]及爲忠善者, 宜付有司[11]論其刑賞, 以昭陛下平明之理, 不宜偏私, 使內外異法也.

Ruò yǒu zuò jiān fàn kē jí wéi zhōng shàn zhě, yí fù yǒu sī lùn qí xíng shǎng, yǐ zhāo bì xià píng míng zhī lǐ, bù yí piān sī, shǐ nèi wài yì fǎ yě。

侍中侍郎郭攸之、費禕、董允等, 此皆良實, 志慮忠純, 是以先帝簡拔以遺陛下.

Shì zhōng shì láng Guō yōu zhī 、Fèi yī 、Dǒng yǔn děng, cǐ jiē liáng shí, zhì lǜ zhōng chún, shì yǐ xiān dì jiǎn bá yǐ yí bì xià。

愚以爲宮中之事, 事無大小, 悉以咨之, 然後施行, 必能裨補[12]闕漏, 有所廣益.

Yú yǐ wéi gōng zhōng zhī shì, shì wú dà xiǎo, xī yǐ zī zhī, rán hòu shī xíng, bì néng bì bǔ què lòu, yǒu suǒ guǎng yì。

將軍向寵, 性行淑均, 曉暢軍事, 試用於昔日, 先帝稱之曰能, 是以衆議擧寵爲督.

Jiàng jūn Xiàng chǒng, xìng xíng shū jūn, xiǎo chàng jūn shì, shì yòng yú xī rì, xiān dì chēng zhī yuē néng, shì yǐ zhòng yì jǔ chǒng wéi dū。

愚[13]以爲營中之事, 悉以咨之, 必能使行陣和睦, 優劣得所.

Yú yǐ wéi yíng zhōng zhī shì, xī yǐ zī zhī, bì néng shǐ háng zhèn hé mù, yōu liè dé suǒ。

親賢臣, 遠小人, 此先漢所以興隆也；親小人, 遠賢臣, 此後漢所以傾頹[14]也.

Qīn xián chén, yuǎn xiǎo rén, cǐ xiān hàn suǒ yǐ xìng lóng yě；qīn xiǎo rén, yuǎn xián chén, cǐ hòu hàn suǒ yǐ qīng tuí yě。

---

10) 科(과) : 법규나 법령.
11) 有司(유사) : 전담관청.
12) 裨補(비보) : 돕다.
13) 愚(우) : 자신을 낮추어 부르는 말.
14) 傾頹(경퇴) : 뒤집어 무너지다. 쇠망하다.

先帝在時, 每與臣論此事, 未嘗不歎息痛恨於桓、靈[15)]也.

Xiān dì zài shí, měi yǔ chén lùn cǐ shì, wèi cháng bù tàn xī tòng hèn yú huán、líng yě。

侍中、尚書、長史、參軍, 此悉貞良死節之臣, 願陛下親之信之, 則漢室之隆, 可計日而待也.

Shì zhōng、shàng shū、zhǎng shǐ、cān jūn, cǐ xī zhēn liáng sǐ jiē zhī chén, yuàn bì xià qīn zhī xìn zhī, zé hàn shì zhī lóng, kě jì rì ér dài yě。

臣本布衣, 躬耕[16)]於南陽, 苟全性命於亂世, 不求聞達於諸侯.

Chén běn bù yī, gōng gēng yú Nán yáng, gǒu quán xìng mìng yú luàn shì, bù qiú wén dá yú zhū hóu。

先帝不以臣卑鄙, 猥[17)]自枉屈[18)], 三顧臣於草廬之中, 咨臣以當世之事, 由是感激, 遂許先帝以驅馳[19)].

Xiān dì bù yǐ chén bēi bǐ, wěi zì wǎng qū, sān gù chén yú cǎo lú zhī zhōng, zī chén yǐ dāng shì zhī shì, yóu shì gǎn jī, suí xǔ xiān dì yǐ qū chí。

後值傾覆, 受任於敗軍之際, 奉命於危難之間, 爾來[20)]二十有一年矣.

Hòu zhí qīng fù, shòu rèn yú bài jūn zhī jì, fèng mìng yú wēi nán zhī jiān, ěr lái èr shí yǒu yī nián yǐ。

先帝知臣謹愼, 故臨崩寄臣以大事也. 受命以來, 夙夜[21)]憂歎, 恐托付不效, 以傷先帝之明, 故五月渡瀘[22)], 深入不毛.

Xiān dì zhī chén jǐn shèn, gù lín bēng jì chén yǐ dà shì yě。Shòu mìng yǐ lái, sù yè yōu tàn, kǒng tuō fù bù xiào, yǐ shāng xiān dì zhī míng, gù wǔ yuè dù lú, shēn rù bù máo。

---

15) 桓靈(환영) : 한(漢)나라 말기의 환제(桓帝)와 영제(靈帝).
16) 躬耕(궁경) : 몸소 직접 밭을 갈다.
17) 猥(외) : 외람되다. 자신을 욕되게 하다.
18) 枉屈(왕굴) : 몸을 굽히다.
19) 驅馳(구치) : 달리다. 온 힘을 다 쏟다.
20) 爾來(이래) : 그 이래로.
21) 夙夜(숙야) : 이른 아침부터 늦은 밤까지.
22) 瀘(로) : 강 이름. 남방 운남성(雲南省) 부근의 강.

今南方已定, 兵甲已足, 當將率三軍, 北定中原, 庶竭駑鈍[23)], 攘除[24)]奸凶, 興復漢室, 還於舊都.

Jīn nán fāng yǐ dìng, bīng jiǎ yǐ zú, dāng jiāng shuài sān jūn, běi dìng zhōng yuán, shù jié nú dùn, rǎng chú jiān xiōng, xìng fù hàn shì, huán yú jiù dū。

此臣所以報先帝而忠陛下之職分也. 至於斟酌[25)]損益, 進盡忠言, 則攸之、禕、允之任也.

Cǐ chén suǒ yǐ bào xiān dì ér zhōng bì xià zhī zhí fèn yě。Zhì yú zhēn zhuó sǔn yì, jìn jìn zhōng yán, zé Yōu zhī 、Yī 、Yǔn zhī rèn yě。

願陛下托臣以討賊興復之效, 不效則治臣之罪, 以告先帝之靈.

Yuàn bì xià tuō chén yǐ tǎo zéi xìng fù zhī xiào, bù xiào zé zhì chén zhī zuì, yǐ gào xiān dì zhī líng。

若無興德之言, 則責攸之、禕、允等之慢, 以彰其咎；陛下亦宜自謀, 以咨諏[26)]善道, 察納雅言, 深追先帝遺詔.

ruò wú xìng dé zhī yán, zé zé Yōu zhī 、Yī 、Yǔn děng zhī màn, yǐ zhāng qí jiù ; bì xià yì yí zì móu, yǐ zī zōu shàn dào, chá nà yǎ yán, shēn zhuī xiān dì yí zhào。

臣不勝受恩感激.

Chén bù shèng shòu ēn gǎn jī。

今當遠離, 臨表涕零[27)], 不知所言.

Jīn dāng yuǎn lí, lín biǎo tì líng, bù zhī suǒ yán。

---

23) 駑鈍(노둔) : 쓸모없는 말과 무딘 칼, 겸손한 말.
24) 攘除(양제) : 제거하고 없애다.
25) 斟酌(짐작) : 짐작하다. 고려하다.
26) 咨諏(자추) : 자문하다.
27) 涕零(체령) : 눈물이 흐르다.

(1) 현대 한어 번역(汉译)

先帝的事业完成不到一半，却去世了。 现在天下分裂成三个国家。 蜀汉民力困乏，这实在是危急存亡的时候啊。 然而朝中官员在首都毫不懈怠，忠诚有志的将士在外面舍生忘死，是因为追念先帝对他们的特殊厚待，想要在陛下身上报恩啊。 实在应该广泛地听取意见，发扬先帝遗留下来的美德，振奋有抱负的人们的志气，不应该随便看轻自己，说一些不恰当的话，以致堵塞人们忠言劝谏的道路啊!

皇宫中和丞相府中的人，都是国家的官员；升降官吏，评论人物，不应该因在宫中或在府中而异。 如果有作奸邪事情、犯科条法令，或做了好事对国家有贡献的，都应该交给主管的官员判定他们受罚或者受赏，来显示陛下公正严明的治理，而不应当有偏袒和私心，使朝廷内外刑赏的法令不同。

侍中侍郎郭攸之、费祎、董允等人，这些都是善良诚实的人，他们的志向和思虑都忠诚纯正，所以先帝把他们选拔出来留给陛下。 我以为宫廷中的事情，无论大小，都拿来跟他们商量，然后实行，就一定能够补救缺点，防止疏漏，得到更多的成效。

将军向宠，性格品行善良平正，通晓军事，过去任用他的时候，先帝称赞他能干，所以大家商议推举他做中部督。 我认为军营中的事情，都拿来和他商量，就一定能够使军中团结和睦，才能高的和才能低的都得到合理安排。

亲近贤臣，疏远小人，这是先汉兴旺发达的原因；亲近小人，疏远贤臣，这是后汉倾覆衰败的原因。 先帝在世时，每次和我谈论这些事情，没有不对桓、灵二帝的昏庸感到痛心遗憾的。 侍中、尚书、长史、参军，这些人都是忠贞优秀、以死报国的大臣，希望陛下亲近他们，信任他们，这样汉朝的兴隆便为时不远了。

我本来是个平民，在南阳亲自种地，只希望在乱世里苟且保全性命，并不想在诸侯中做官扬名。 先帝不嫌我身份低微，见识浅陋，不惜降低身份，委屈自己，三次到草庐来探望我，向我询问当代的大事，我因此有所感而情绪激动，就答应为先帝奔走效劳。 后来遇到挫折, 在军事上失败的时候接受重任, 在危难紧迫的关头奉命出使, 从那时到现在二十一年了。

先帝知道我办事谨慎, 所以临终的时候, 把国家大事托付给我。 我接受命令以来, 早晚忧虑叹息, 唯恐托付给我的大事做得没有成效, 而有损于先帝的明察, 所以五月渡过泸水, 深入到不长庄稼的荒凉地方。 现在南方的叛乱已经平定, 武器装备已经充足, 应该勉励三军, 率领他们北上平定中原。 我希望能够奉献平庸的才能, 去铲除那些奸邪凶恶的敌人, 振兴汉朝, 迁回旧都洛阳。 这是我报答先帝、忠于陛下的职责。 至于考虑朝中政事是否可行, 毫无保留地向陛下提出忠诚的劝谏, 那是郭攸之、费祎、董允等人的责任了。

希望陛下把讨伐曹魏兴复汉室的任务交付给我, 如果不能实现, 就治我的罪, 来告慰先帝在天之灵。 如果没有发扬圣德的忠言, 就应当责罚郭攸之、费祎、董允等人的怠慢失职, 指明他们的过失；陛下也应该自行谋划, 征询治国的良策, 认识、采纳正确的言论, 深切追念先帝的遗命。 我接受您的恩泽, 心中非常激动。

现在我就要远离陛下了, 面对这份奏表, 禁不住流泪, 不知说了些什么。

Xiān dì de shì yè wán chéng bú dào yī bàn, què qù shì le。Xiàn zài tiān xià fèn liè chéng sān ge guó jiā。Shǔ hàn mín lì kùn fá, zhè shí zài shì wēi jí cún wáng de shí hou ā。rán ér cháo zhōng guān yuán zài shǒu dū háo bù xiè dài, zhōng chéng yǒu zhì de jiàng shì zài wài miàn shě shēng wàng sǐ, shì yīn wèi zhuī niàn xiān dì duì tā men de tè shū hòu dài, xiǎng yào zài bì xià shēn shàng bào ēn ā。Shí zài yīng gāi guǎng fàn de tīng qǔ yì jiàn, fā yáng xiān dì yí liú xià lái de měi dé, zhèn fèn yǒu bào fù de rén men de zhì qì, bú yīng gāi suí biàn kàn qīng zì jǐ, shuō yī xiē bú qià dāng de huà, yǐ zhì dǔ sāi rén men zhōng yán quàn jiàn de dào lù ā!

Huáng gōng zhōng hé chéng xiàng fǔ zhōng de rén, dōu shì guó jiā de guān yuán；shēng jiàng guān lì, píng lùn rén wù, bú yīng gāi yīn zài gōng zhōng huò zài fǔ zhōng ér yì。Rú guǒ yǒu zuò jiān xié shì qíng、fàn kē tiáo fǎ lìng, huò zuò le hǎo shì duì guó jiā yǒu gòng xiàn de, dōu yīng gāi jiāo gěi zhǔ guǎn de guān yuán pàn dìng tā men shòu fá huò zhě shòu shǎng, lái xiǎn shì bì xià gōng zhèng yán míng de zhì lǐ, ér bù yīng dāng yǒu piān tǎn hé sī xīn, shǐ cháo tíng nèi wài xíng shǎng de fǎ lìng bù tóng。

Shì zhōng shì láng Guō yōu zhī、Fèi yī、Dǒng yǔn děng rén, zhè xiē dōu shì shàn liáng chéng shí de rén, tā men de zhì xiàng hé sī lǜ dōu zhōng chéng chún zhèng, suǒ yǐ xiān dì bǎ tā men xuǎn bá chū lái liú gěi bì xià。Wǒ yǐ wéi gōng tíng zhōng de shì qíng, wú lùn dà xiǎo, dōu ná lái gēn tā men shāng liang, rán hòu shí xíng, jiù yī dìng néng gòu bǔ jiù quē diǎn, fáng zhǐ shū lòu, dé dào gèng duō de chéng xiào。

Jiàng jūn Xiàng chǒng, xìng gé pǐn xíng shàn liáng píng zhèng, tōng xiǎo jūn shì, guò qù rèn yòng tā de shí hou, xiān dì chēng zàn tā néng gàn, suǒ yǐ dà jiā shāng yì tuī jǔ tā zuò zhōng bù dū。Wǒ rèn wéi jūn yíng zhōng de shì qíng, dōu ná lái hé tā shāng liang, jiù yī dìng néng gòu shǐ jūn zhōng tuán jié hé mù, cái néng gāo de hé cái néng dī de dōu dé dào hé lǐ ān pái。

Qīn jìn xián chén, shū yuǎn xiǎo rén, zhè shì xiān hàn xìng wàng fā dá de yuán yīn ; qīn jìn xiǎo rén, shū yuǎn xián chén, zhè shì hòu hàn qīng fù shuāi bài de yuán yīn。Xiān dì zài shì shí, měi cì hé wǒ tán lùn zhè xiē shì qíng, méi yǒu bú duì Huán、Líng èr dì de hūn yōng gǎn dào tòng xīn yí hàn de。Shì zhōng、shàng shū、zhǎng shǐ、cān jūn, zhè xiē rén dōu shì zhōng zhēn yōu xiù、yǐ sǐ bào guó de dà chén, xī wàng bì xià qīn jìn tā men, xìn rèn tā men, zhè yàng hàn cháo de xìng lóng biàn wéi shí bù yuǎn le。

Wǒ běn lái shì ge píng mín, zài nán yáng qīn zì zhòng dì, zhǐ xī wàng zài luàn shì lǐ gǒu qiě bǎo quán xìng mìng, bìng bù xiǎng zài zhū hóu zhōng zuò guān yáng míng。Xiān dì bù xián wǒ shēn fèn dī wēi, jiàn shí qiǎn lòu, bù xī jiàng dī shēn fèn, wěi qū zì jǐ, sān cì dào cǎo lú lái tàn wàng wǒ, xiàng wǒ xún wèn dāng dài de dà shì, wǒ yīn cǐ yǒu suǒ gǎn ér qíng xù jī dòng, jiù dā ying wèi xiān dì bēn zǒu xiào láo。Hòu lái yù dào cuò shé, zài jūn shì shàng shī bài de shí hou jiē shòu zhòng rèn, zài wēi nán jǐn pò de guān tóu fèng mìng chū shǐ, cóng nà shí dào xiàn zài èr shí yī nián le。

Xiān dì zhī dào wǒ bàn shì jǐn shèn, suǒ yǐ lín zhōng de shí hou, bǎ guó jiā dà shì tuō fù gěi wǒ。Wǒ jiē shòu mìng lìng yǐ lái, zǎo wǎn yōu lǜ tàn xī, wéi kǒng tuō fù gěi wǒ de dà shì zuò dé méi yǒu chéng xiào, ér yǒu sǔn yú xiān dì de míng chá, suǒ yǐ wǔ yuè dù guò lú shuǐ, shēn rù dào bù zhǎng zhuāng jià de huāng liáng dì fang。Xiàn zài nán fāng de pàn luàn yǐ jīng píng dìng, wǔ qì zhuāng bèi yǐ jīng chōng zú, yīng gāi miǎn lì sān jūn, shuài lǐng tā men běi shàng píng dìng zhōng yuán。Wǒ xī wàng néng gòu fèng xiàn píng yōng de cái néng, qù chǎn chú nà xiē jiān xié xiōng è de dí rén, zhèn xìng hàn cháo, qiān huí jiù dū Luò yáng。Zhè shì wǒ bào dá xiān dì、zhōng yú bì xià de zhí zé。Zhì yú kǎo lǜ cháo zhōng zhèng shì shì fǒu kě xíng, háo wú bǎo liú de xiàng bì xià tí chū zhōng chéng de quàn jiàn, nà shì Guō yōu zhī、Fèi yī、Dǒng yǔn děng rén de zé rèn le。

Xī wàng bì xià bǎ tǎo fá Cáo wèi xīng fù Hàn shì de rèn wù jiāo fù gěi wǒ, rú guǒ bù néng shí xiàn, jiù zhì wǒ de zuì, lái gào wèi xiān dì zài tiān zhī líng。Rú guǒ méi yǒu fā yáng shèng dé de zhōng yán, jiù yīng dāng zé fá Guō yōu zhī、Fèi yī、Dǒng yǔn děng rén de dài màn shī zhí, zhǐ míng tā men de guò shī ; bì xià yě yīng gāi zì xíng móu huá, zhēng xún zhì guó de liáng cè, rèn shí、cǎi nà zhèng què de yán lùn, shēn qiè zhuī niàn xiān dì de yí mìng。Wǒ jiē shòu nín de ēn zé, xīn zhōng fēi cháng jī dòng。

Xiàn zài wǒ jiù yào yuǎn lí bì xià le, miàn duì zhè fèn zòu biǎo, jìn bú zhù liú lèi, bù zhī shuō le xiē shén me。

(2) 한국어 스토리텔링(韩语 讲故事)

* 중심어 : 어부 - 도화림 - 산굴 - 촌락 - 도화원의 사람 - 무릉군의 태수 - 은사 유자기

(3) 중국어 스토리텔링(汉语 讲故事)

* 중심어(关键词) : 渔人 – 桃花林 – 山洞 – 村落 – 桃花源的人们 – 武陵郡, 便去拜见太守 – 隐士 刘子骥

第三章

귀거래사(歸去來辭) - 도연명(陶淵明)

歸去來辭

Guī qù lái cí

陶淵明(365-427)[1)]

Táo yuān míng

歸去來兮, 田園將蕪胡不歸!既自以心為形役, 奚惆悵[2)]而獨悲?

Guī qù lái xī, tián yuán jiāng wú hú bù guī! Jì zì yǐ xīn wéi xíng yì, xī chóu chàng ér dú bēi?

悟已往之不諫[3)], 知來者之可追. 實迷途其未遠, 覺今是而昨非.

Wù yǐ wǎng zhī bù jiàn, zhī lái zhě zhī kě zhuī。Shí mí tú qí wèi yuǎn, jiào jīn shì ér zuó fēi。

1) 도연명은 東晋(동진)시기의 저명한 전원시인(田園詩人)이다.
2) 惆愴(추창) : 슬퍼하다.
3) 諫(간) : 되돌리다. 바로 잡다.

舟遙遙以輕颺, 風飄飄[4]而吹衣, 問征夫以前路, 恨晨光之希微.

Zhōu yáo yáo yǐ qīng yáng, fēng piāo piāo ér chuī yī, wèn zhēng fū yǐ qián lù, hèn chén guāng zhī xī wēi。

乃瞻衡宇[5], 載欣載奔, 僮僕來迎, 稚子候門. 三徑就荒, 松菊猶存.

Nǎi zhān héng yǔ, zǎi xīn zǎi bēn, tóng pú huān yíng, zhì zǐ hòu mén。Sān jìng jiù huāng, sōng jú yóu cún。

攜幼入室, 有酒盈樽. 引壺觴[6]以自酌, 眄[7]庭柯以怡顏.

Xié yòu rù shì, yǒu jiǔ yíng zūn。Yǐn hú shāng yǐ zì zhuó, miǎn tíng kē yǐ yí yán。

倚南窓以寄傲, 審容膝之易安. 園日涉以成趣, 門雖設而常關.

Yǐ nán chuāng yǐ jì ào, shěn róng xī zhī yì ān。Yuán rì shè yǐ chéng qù, mén suī shè ér cháng guān。

策扶老[8]以流憩[9], 時翹首而遐觀. 雲無心以出岫, 鳥倦飛而知還；景翳翳[10]以將入, 撫孤松而盤桓[11].

Cè fú lǎo yǐ liú qì, shí jiǎo shǒu ér xiá guān。Yún wú xīn yǐ chū xiù, niǎo juàn fēi ér zhī huán; jǐng yì yì yǐ jiāng rù, fǔ gū sōng ér pán huán。

歸去來兮, 請息交以絶游. 世與我而相違, 復駕言兮焉求?

Guī qù lái xī, qǐng xī jiāo yǐ jué yóu。Shì yǔ wǒ ér xiāng wéi, fù jià yán xī yān qiú?

---

4) 飄飄(표표) : 바람이 가볍게 부는 모양.
5) 衡宇(형우) : 나무로 걸어서 문을 만든 집, 즉 초라한 집.
6) 壺觴(호상) : 병과 잔.
7) 眄(면) : 곁눈질하여 비스듬히 보다.
8) 扶老(부로) : 지팡이.
9) 流憩(류게) : 가다 쉬다하는 것.
10) 翳翳(예예) : 어둑어둑한 모양.
11) 盤桓(반환) : 배회하다.

悅親戚之情話, 樂琴書以消憂. 農人告余以春及, 將有事於西疇.

Yuè qīn qī zhī qíng huà, lè qín shū yǐ xiāo yōu。Nóng rén gào yú yǐ chūn jí, jiāng yǒu shì yú xī chóu。

或命巾車, 或棹孤舟. 既窈窕[12]以尋壑, 亦崎嶇[13]而經邱.

Huò mìng jīn chē, huò zhào gū zhōu。Jì yǎo tiǎo yǐ xún hè, yì qí qū ér jīng qiū。

木欣欣以向榮[14], 泉涓涓而始流. 羨萬物之得時, 感吾生之行休[15].

mù xīn xīn yǐ xiàng róng, quán juān juān ér shǐ liú。Xiàn wàn wù zhī dé shí, gǎn wú shēng zhī xíng xiū。

已矣乎!寓形宇內復幾時!曷不委心任去留?胡為乎遑遑[16]欲何之?

Yǐ yǐ hū! Yù xíng yǔ nèi fù jǐ shí! Hé bù wěi xīn rèn qù liú? Hú wéi hū huáng huáng yù hé zhī?

富貴非吾願, 帝鄉不可期. 懷良辰以孤往, 或植杖而耘耔[17].

Fù guì fēi wú yuàn, dì xiāng bù kě qī。Huái liáng chén yǐ gū wǎng, huò zhí zhàng ér yún zǐ。

登東皐以舒嘯[18], 臨清流而賦詩. 聊乘化以歸盡, 樂夫天命復奚疑!

Dēng dōng gāo yǐ shū xiào, lín qīng liú ér fù shī。Liáo chéng huà yǐ guī jìn, lè fú tiān mìng fú xī yí!

---

12) 窈窕(요조) : 깊숙하다.
13) 崎嶇(기구) : 험하다.
14) 向榮(향영) : 위로 향해 번성하다.
15) 行休(행휴) : 움직임이 멈춤, 즉 죽음을 가리킴.
16) 遑遑(황황) : 조급하고 안절부절하는 모양.
17) 耘耔(운자) : 김매고 흙을 복돋우다. 즉 밭농사를 짓는 것.
18) 舒嘯(서소) : 천천히 읊조리다.

(1) 현대 한어 번역(汉译)

回家去吧!田地快要荒了，为什么不回去呢?既然自己的心灵为形体所役使，为什么失意而伤悲?过去的错误不可挽救，但坚信未来的岁月中可以弥补。实际上我入迷途还不算远，已觉悟到回家为是而做官为非。船在水上轻轻飘荡，微风吹拂着衣裳。向行人打听前面的路，只觉得遗憾天不亮。

终于看到简陋的家门，我高兴地飞奔。家僮欢快地迎接，幼儿们守候在门庭。院里的小路长满了荒草，松和菊还是原样；带着幼儿们进了屋，美酒已经盛满了杯子。我端起酒壶酒杯自己喝酒，观赏着庭树使我开颜；倚着南窗寄托我的傲世之情，(更)觉得这狭小之地容易使我心安。每天(独自)在园中散步兴味无穷，小园的门经常地关闭着；拄着拐杖走走歇歇，时时抬头望着远方(的天空)。白云自然而然地从山穴里飘浮而出，倦飞的小鸟也知道飞回巢中；日光暗淡，即将落山，我流连不忍离去，手抚着孤松。

回来呀!我要跟世俗之人断绝来往。他们跟我的志趣不合，再驾车出去又有何求?跟乡里故人谈心何等快乐，弹琴读书来将愁颜破；农夫告诉我春天到了，将要去西边的田地耕作。有时驾着巾车，有时划着孤舟，既要探寻那幽深的沟壑，又要走过那高低不平的山丘。树木欣欣向荣，泉水缓缓流动，我羡慕万物各得其时，感叹自己一生行将告终。

算了吧!还有多少时光，为什么不按照自己心意或去或留?为什么还想去什么地方?富贵不是我所求，升入仙界也没有希望。良辰美景我独自欣赏，要不除草助苗长；登上东边山坡我放声长啸，在溪旁吟诗；姑且顺应造化了结一生，以天命为乐，还有什么可担心犹豫的呢?

Huí jiā qù ba! Tián dì kuài yào huāng le, wèi shén me bù huí qù ne? jì rán zì jǐ de xīn líng wéi xíng tǐ suǒ yì shǐ, wèi shén me shī yì ér shāng bēi? Guò qù de cuò wù bù kě wǎn jiù, dàn jiān xìn wèi lái de suì yuè zhōng kě yǐ mí bǔ。shí jì shàng wǒ rù mí tú hái bù suàn yuǎn, yǐ jué wù dào huí jiā wéi shì ér zuò guān wéi fēi。Chuán zài shuǐ shàng qīng qīng piāo dàng, wēi fēng chuī fú zhe yī shang。Xiàng xíng rén dǎ tīng qián miàn de lù, zhǐ jué de yí hàn tiān bù liàng。

Huí jiā qù ba! Tián dì kuài yào huāng le, wèi shén me bù huí qù ne? jì rán zì jǐ de xīn líng wéi xíng tǐ suǒ yì shǐ, wèi shén me shī yì ér shāng bēi? Guò qù de cuò wù bù kě wǎn jiù, dàn jiān xìn wèi lái de suì yuè zhōng kě yǐ mí bǔ。shí jì shàng wǒ rù mí tú hái bù suàn yuǎn, yǐ jué wù dào huí jiā wéi shì ér zuò guān wéi fēi。Chuán zài shuǐ shàng qīng qīng piāo dàng, wēi fēng chuī fú zhe yī shang。Xiàng xíng rén dǎ tīng qián miàn de lù, zhǐ jué de yí hàn tiān bù liàng。

Zhōng yú kàn dào jiǎn lòu de jiā mén, wǒ gāo xìng de fēi bēn。Jiā tóng huān kuài de yíng jiē, yòu ér men shǒu hòu zài mén tíng。Yuàn lǐ de xiǎo lù zhǎng mǎn le huāng cǎo, sōng hé jú hái shi yuán yàng；dài zhe yòu ér men jìn le wū, měi jiǔ yǐ jīng chéng mǎn le bēi zi。Wǒ duān qǐ jiǔ hú jiǔ bēi zì jǐ hē jiǔ, guān shǎng zhe tíng shù shǐ wǒ kāi yán；yǐ zhe nán chuāng jì tuō wǒ de ào shì zhī qíng, (gèng) jué de zhè xiá xiǎo zhī dì róng yì shǐ wǒ xīn ān。Měi tiān (dú zì) zài yuán zhōng sàn bù xīng wèi wú qióng, xiǎo yuán de mén jīng cháng de guān bì zhe；zhǔ zhe guǎi zhàng zǒu zǒu xiē xiē, shí shí tái tóu wàng zhe yuǎn fāng (de tiān kōng)。Bái yún zì rán ér rán de cóng shān xué lǐ piāo fú ér chū, juàn fēi de xiǎo niǎo yě zhī dào fēi huí cháo zhōng；rì guāng àn dàn, jí jiāng luò shān, wǒ liú lián bù rěn lí qù, shǒu fǔ zhe gū sōng。

Huí lái ya! Wǒ yào gēn shì sú zhī rén duàn jué lái wǎng。Tā men gēn wǒ de zhì qù bù hé, zài jià chē chū qù yòu yǒu hé qiú? Gēn xiāng lǐ gù rén tán xīn hé děng kuài lè, tán qín dú shū lái jiāng chóu yán pò；nóng fū gào su wǒ chūn tiān dào le, jiāng yào qù xī bian de tián dì gēng zuò。Yǒu shí jià zhe jīn chē, yǒu shí huá zhe gū zhōu, jì yào tàn xún nà yōu shēn de gōu hè, yòu yào zǒu guò nà gāo dī bù píng de shān qiū。Shù mù xīn xīn xiàng róng, quán shuǐ huǎn huǎn liú dòng, wǒ xiàn mù wàn wù gè dé qí shí, gǎn tàn zì jǐ yī shēng xíng jiāng gào zhōng。

Suàn le ba! Hái yǒu duō shǎo shí guāng, wèi shén me bù àn zhào zì jǐ xīn yì huò qù huò liú? wèi shén me hái xiǎng qù shén me dì fang? Fù guì bù shì wǒ suǒ qiú, shēng rù xiān jiè yě méi yǒu xī wàng。Liáng chén měi jǐng wǒ dú zì xīn shǎng, yào bù chú cǎo zhù miáo zhǎng；dēng shàng dōng bian shān pō wǒ fàng shēng cháng xiào, zài xī páng yín shī；gū qiě shùn yīng zào huà liǎo jié yī shēng, yǐ tiān mìng wéi lè, hái yǒu shén me kě dān xīn yóu yù de ne?

(2) 한국어 스토리텔링(韩语 讲故事)

* 중심어 : 사직하여 전원으로 돌아가는 심정 - 전원으로 돌아가는 길 - 전원생활의 자유로움 - 하늘의 뜻에 순응하고 자기 분수를 아는 마음가짐

(3) 중국어 스토리텔링(汉语 讲故事)

* 중심어(关键词) : 辞官归田的心情 – 归田的途经 – 田园生活的自由 – 乐天安命的心态

第四章

진정표(陳情表) - 이밀(李密)

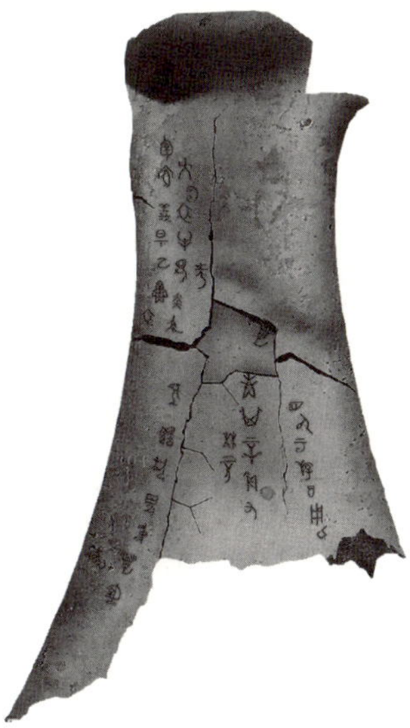

陳情表

Chén qíng biǎo

[魏晉] 李密

[Wèi jìn] Lǐ mì

臣密言, 臣以險釁[1], 夙遭愍凶[2], 生孩六月, 慈父見背[3], 行年四歲, 舅奪母志, 祖母劉閔臣孤弱, 躬親撫養.

Chén Mì yán： chén yǐ xiǎn xìn, sù zāo mǐn xiōng, shēng hái liù yuè, cí fù jiàn bēi, xíng nián sì suì, jiù dúo mǔ zhì, zǔ mǔ liú mǐn chén gū ruò, gōng qīn fǔ yǎng。

臣少多疾病, 九歲不行, 零丁[4]孤苦, 至于成立[5]. 既無叔伯, 終鮮兄弟, 門衰祚薄, 晩有兒息[6].

Chén shào duō jí bìng, jiǔ suì bù xíng, líng dīng gū kǔ, zhì yú chéng lì。Jì wú bó shū, zhōng xiān xiōng dì, mén shuāi zuò bó, wǎn yǒu ér xī。

外無朞功强近之親[7], 內無應門五尺之僮[8], 煢煢孑立[9], 形影相吊[10], 而劉夙嬰[11] 疾病, 常在床蓐[12], 臣侍湯藥, 未嘗廢離[13].

Wài wú qī gōng qiáng jìn zhī qīn, nèi wú yīng mén wǔ chǐ zhī tóng, qióng qióng jié lì, xíng

---

1) 險釁(험흔): 죄가 깊고 어려움이 많다. 險: 어려움. 釁: 죄, 흠. 결점. 허물.
2) 夙遭閔凶(숙조민흉): 일찍이 우환과 불행을 당하다. 閔:우환. 凶: 불행.
3) 見背(견배): 세상을 버리다. 죽다.
4) 零丁(영정): 외롭고 의지할 데 없는 모양.
5) 成立(성립): 성장하여 어른이 되다.
6) 兒息(아식): 아들.
7) 期功強近之親(기공강근지친): 비교적 가까운 친척. 고대 상례제도에서는 친속관계의 親疏에 따라 상복을 입는 기간을 규정했는데, 1년 동안 상복을 입는 것을 '期', 9개월 동안 입는 것을 '大功', 5개월 동안 입는 것을 '小功'이라 불렀다.
8) 應門(응문): 문을 지키며 손님을 맞이하다.
9) 煢煢孑立(경경혈립): 의지할 곳 없이 외로이 서다.
10) 形影相吊(형영상조): 몸과 그림자가 서로를 불쌍히 여기다. 吊: 위로하다.
11) 嬰(영): 병에 걸리다.
12) 床蓐(상욕): 병석.
13) 廢離(폐리): 버려두고 떠나다.

yǐng xiàng diào, ér liú sù yīng jí bìng, cháng zài chuáng rù, chén shì tāng yào, wèi céng fèi lí。

逮[14]奉聖朝[15], 沐浴淸化, 前太守臣逵[16], 察[17]臣孝廉, 後刺史臣榮, 擧臣秀才, 臣以供養無主, 辭不赴命.

Dài fèng shèng cháo, mù yù qīng huà, qián tài shǒu chén kuí, chá chén xiào lián, hòu cì shǐ chén róng, jǔ chén xiù cái, chén yǐ gòng yǎng wú zhǔ, cí bù fù mìng。

詔書特下, 拜臣郎中, 尋[18]蒙國恩, 除臣洗馬[19], 猥以微賤, 當侍東宮[20], 非臣隕首[21]所能上報[22].

Zhào shū tè xià, bài chén láng zhōng, xún méng góu ēn, chú chén xǐ mǎ, wěi yǐ wēi jiàn, dāng shì dōng gōng, fēi chén yǔn shǒu suǒ néng shàng bào。

臣具以表聞, 辭不就職, 詔書切峻, 責臣逋慢[23], 郡縣逼迫, 催臣上道, 州司臨門, 急於星火[24].

Chén jù yǐ biǎo wén, cí bù jiù zhí, zhào shū qiē jùn, zé chén bū màn, jùn xiàn bī pò, cuī chén shàng dào, zhōu sī lín mén, jí yú xīng huǒ。

臣欲奉詔奔馳, 則以劉病日篤, 欲苟順私情, 則告訴不許, 臣之進退, 實爲狼狽[25].

Chén yù fèng zhào bēn chí, zé liú bìng rì dǔ, yù gǒu shùn sī qíng, zé gào sù bù xǔ, chén zhī jìn tuì, shí wéi láng bèi。

---

14) 逮(체): 미치다. 이르다.
15) 聖朝(성조): 봉건시대에 본 왕조에 대한 존칭. 여기서는 晋나라를 말한다.
16) 逵(규): 賈逵. 후한 때의 유학자.
17) 察(찰): 추천하다. =擧.
18) 尋(심): 오래지 않아, 이윽고.
19) 洗馬(세마): 태자를 보좌하는 관직.
20) 東宮(동궁): 태자가 거처하는 궁. 여기서는 태자를 말한다.
21) 隕首(운수): 목숨이 끊어지다. 죽다.
22) 上報(상보): 임금에게 보답하다.
23) 逋慢(포만): 명령에 따르지 않고 우물쭈물거리다.
24) 星火(성화): 별똥별의 불꽃. 매우 급박함을 비유한다.
25) 狼狽(낭패): 일이 뜻대로 되지 않아 몹시 딱하다.

伏惟聖朝以孝治天下, 凡在故老, 猶蒙矜育[26], 況臣孤苦特爲尤甚. 且臣少事僞朝[27], 歷職郎署[28], 本圖宦達[29], 不矜名節.

Fú wéi shèng cháo yǐ xiào zhì tiān xià, fán zài gù lǎo, yóu méng jīn yù, kuàng chén gū kǔ, tè wéi yóu shèn。Qiě chén shào shì wěi cháo, lì zhí láng shǔ, běn tú huàn dá, bù jīn míng jié。

今臣亡國賤俘[30], 至微至陋, 過蒙拔擢, 寵命優渥[31], 豈敢盤桓[32], 有所希冀!但以劉日薄西山[33], 氣息奄奄[34], 人命危淺[35], 朝不慮夕.

Jīn chén wáng gúo jiàn fú, zhì wēi zhì lòu, guò méng bá zhúo, chǒng mìng yōu wò, qǐ gǎn pán huán, yǒu suǒ xī jì! Dàn yǐ liú rì bó xī shān, qì xī yǎn yǎn, rén mìng wēi qiǎn, zhāo bù lǜ xī。

臣無祖母, 無以至今日, 祖母無臣, 無以終餘年, 母孫二人, 更相[36]爲命[37], 是以區區[38]不能廢遠.

Chén wú zǔ mǔ, wú yǐ zhì jīn rì, zǔ mǔ wú chén, wú yǐ zhōng yú nián, mǔ sūn èr rén, gēng xiāng wéi mìng, shì yǐ qū qū bù néng fèi yuǎn。

臣密今年四十有四, 祖母劉今九十有六, 是臣盡節於陛下之日, 長, 報劉之日, 短也.

Chén mì jīn nián sì shí yòu sì, zǔ mǔ liú jīn nián jiǔ shí yòu liù, shì chén jìn jié yú bì xià zhī rì, cháng, bào liú zhī rì, duǎn yě。

---

26) 矜育(긍육): 불쌍히 여겨 기르다.
27) 僞朝(위조): 거짓 조정. 여기서는 蜀漢을 말한다.
28) 郎署(낭서): 상서랑 관청. 郎: 尙書郎. 署: 관청.
29) 宦達(환달): 입신출세하다.
30) 賤俘(천부): 미천한 포로. 신하가 자신을 낮추어 부르는 말.
31) 優渥(우악): 은혜가 두텁다.
32) 盤桓(반환): 머뭇거리며 마음을 정하지 못하다.
33) 日薄西山(일박서산): 남은 목숨이 얼마 남지 않다.
34) 奄奄(엄엄): 숨이 곧 끊어지려고 하는 모습.
35) 危淺(위천): 몹시 위태롭다.
36) 更相(경상): 서로. 교대로. 번갈아 가며.
37) 更相爲命(경상위명): 서로 번갈아 목숨을 잇다.
38) 區區(구구): 저. 소인. 자기 자신을 일컫는 말.

烏鳥私情[39], 願乞終養. 臣之辛苦, 非獨蜀之人士, 及二州牧伯[40]所見明知, 皇天后土[41], 實所共鑑.

Wū niǎo sī qíng, yuàn qǐ zhōng yǎng。Chén zhī xīn kǔ, fēi dú shǔ zhī rén shì, jí èr zhōu mù bó suǒ jiàn míng zhī, huáng tiān hòu tǔ, shí suǒ gòng jiàn。

願陛下矜憫愚誠, 聽臣微志, 庶[42]劉僥倖, 保卒餘年[43], 臣生當隕首, 死當結草. 臣不勝犬馬[44]怖懼之情, 謹拜表以聞[45].

Yuàn bì xià jīn mǐn yú chéng, tīng chén wēi zhì, shù liú jiǎo xìng, bǎo zú yú nián, chén shēng dāng yǔn shǒu, sǐ dāng jié cǎo。Chén bù shèng quǎn mǎ bù jù zhī qíng, jǐn bài biǎo yǐ wén。

(1) 현대 한어 번역(汉译)

臣李密陈言：我因命运不好, 很早就遭遇到了不幸, 刚出生六个月, 我父亲就去世了。 经历了四个年头, 舅父强迫母亲改变了守节的志向。 我的祖母刘氏, 怜悯我孤独困苦, 便亲自抚养。 臣小的时候经常生病, 九岁时还不会行走。 孤独无靠, 一直到成人自立。 既没有叔叔伯伯, 又缺少兄弟, 门庭衰微而福分浅薄, 很晚才有儿子。 在外面没有比较亲近的亲戚, 在家里又没有照应门户的童仆, 生活孤单没有依靠, 只有自己的身体和影子相互安慰。 但祖母又早被疾病缠绕, 常年卧床不起, 我侍奉她吃饭喝药, 从来就没有停止侍奉而离开她。

到了晋朝建立, 我蒙受着清明的政治教化。 先前有名叫逵的太守, 察举

---

39) 烏鳥私情(오조사정): 까마귀의 사사로운 정. 까마귀처럼 자기의 조모를 섬기려는 사사로운 정. 어미 까마귀가 늙으면 새끼가 먹이를 물어다 어미를 먹인다고 한다.
40) 二州牧伯(이주목백): '二州'는 익주(益州)와 양주(梁州)를 가리킨다. 익주의 치소(治所)는 현 사천성 성도(成都)에 있었고 양주의 치소는 현 섬서성 면현(勉縣) 동쪽에 있었다. '牧伯'은 자사(刺史)이다. 고대에 한 주(州)의 장관은 '목(牧)', 또는 '방백(方伯)'이라고 불렀다.
41) 皇天后土(황천후토): 천지신명(天地神明).
42) 庶(서): 바라다.
43) 保卒餘年(보졸여년): 남은여생을 편안히 마치다.
44) 犬馬(견마): 개나 말과 같이 천하고 보잘것없다는 뜻으로, 자신에 관한 것을 낮추어 이르는 말.
45) 以聞(이문): 황제에게 올리는 문장의 말미에 붙어 '살펴주십시오'라는 뜻이 된다.

臣为孝廉，后来又有名叫荣的刺史推举臣为优秀人才。臣因为供奉赡养祖母的事无人承担，辞谢不接受任命。朝廷又特地下了诏书，任命我为郎中，不久又蒙受国家恩命，任命我为太子的侍从。我凭借卑微低贱的身份，担当侍奉太子的职务，这实在不是我杀身所能报答朝廷的。我将以上苦衷上表报告，加以推辞不去就职。但是诏书急切严峻，责备我怠慢不敬。郡县长官催促我立刻上路；州官登门督促，比流星坠落还要急迫。我很想奉旨为皇上奔走效劳，但祖母刘氏的病却一天比一天重；想要姑且顺从自己的私情，但报告申诉不被允许。我是进退两难，十分狼狈。

我伏地思量晋朝是用孝道来治理天下的，凡是年老而德高的旧臣，尚且还受到怜悯养育，何况我的孤苦程度更为严重呢。况且我年轻的时候曾经做过蜀汉的官，担任过郎官职务，本来就希望做官显达，并不顾惜名声节操。现在我是一个低贱的亡国俘虏，十分卑微浅陋，受到过分提拔，恩宠优厚，怎敢犹豫不决而有非分的企求呢?只是因为祖母刘氏寿命即将终了，气息微弱，生命垂危，早上不能想到晚上怎样。我如果没有祖母，就没有今天的样子；祖母如果没有我的照料，也无法度过她的余生。祖孙二人，互相依靠而维持生命，因此我不愿停止侍养祖母而远离。

我现在的年龄四十四岁了，祖母现在的年龄九十六岁了，这样看来我在陛下面前尽忠尽节的日子还很长，而在祖母刘氏面前尽孝尽心的日子很短。我怀着乌鸦反哺的私情，乞求能够准许我完成对祖母养老送终的心愿。我的辛酸苦楚，并不仅仅是蜀地的百姓及益州、梁州的长官所能明白知晓的，天地神明，实在也都能明察。希望陛下能怜悯我的诚心，满足我微不足道的心愿，使祖母刘氏能够侥幸地保全她的余生。我活着应当杀身报效朝廷，死了也要结草衔环来报答陛下的恩情。我怀着像犬马一样不胜恐惧的心情，恭敬地呈上此表来告诉陛下。

Chén Lǐ mì chén yán： Wǒ yīn mìng yùn bù hǎo, hěn zǎo jiù zāo yù dào le bù xìng, gāng chū shēng liù gè yuè, wǒ fù qīn jiù qù shì le。Jīng lì le sì ge nián tóu, jiù fù qiǎng pò mǔ qīn gǎi biàn le shǒu jié de zhì xiàng。Wǒ de zǔ mǔ liú shì, lián mǐn wǒ gū dú kùn kǔ, biàn qīn zì fǔ yǎng。Chén xiǎo de shí hou jīng cháng shēng bìng, jiǔ suì shí hái bù huì xíng zǒu。Gū dú wú kào, yī zhí dào chéng rén zì lì。Jì méi yǒu shū shū bó bó, yòu quē shǎo xiōng dì, mén tíng shuāi wēi ér fú fēn qiǎn bó, hěn wǎn cái yǒu ér zi。Zài wài miàn méi yǒu bǐ jiào qīn jìn de qīn qī, zài jiā lǐ yòu méi yǒu zhào yìng mén hù de tóng pú, shēng húo gū dān méi yǒu yī kào, zhǐ yǒu zì jǐ de shēn tǐ hé yǐng zǐ xiāng hù ān wèi。Dàn zǔ mǔ yòu zǎo bèi jí bìng chán rào, cháng nián wò chuáng bù qǐ, wǒ shì fèng tā chī fàn hē yào, cóng lái jiù méi yǒu tíng zhǐ shì fèng ér lí kāi tā。

Dào le jìn cháo jiàn lì, wǒ méng shòu zhe qīng míng de zhèng zhì jiào huà。Xiān qián yǒu míng jiào kuí de tài shǒu, chá jǔ chén wéi xiào lián, hòu lái yòu yǒu míng jiào róng de cì shǐ tuī jǔ chén wéi yōu xiù rén cái。Chén yīn wèi gòng fèng shàn yǎng zǔ mǔ de shì wú rén chéng dān, cí xiè bù jiē shòu rèn mìng。Cháo tíng yòu tè dì xià le zhào shū, rèn mìng wǒ wéi láng zhōng, bù jiǔ yòu méng shòu gúo jiā ēn mìng, rèn mìng wǒ wéi tài zǐ de shì cóng。Wǒ píng jiè bēi wēi dī jiàn de shēn fèn, dān dāng shì fèng tài zǐ de zhí wù, zhè shí zài bù shì wǒ shā shēn suǒ néng bào dá cháo tíng de。Wǒ jiāng yǐ shàng kǔ zhōng shàng biǎo bào gào, jiā yǐ tuī cí bù qù jiù zhí。Dàn shì zhào shū jí qiē yán jùn, zé bèi wǒ dài màn bù jìng。Jùn xiàn zhǎng guān cuī cù wǒ lì kè shàng lù； zhōu guān dēng mén dū cù, bǐ liú xīng zhuì luò hái yào jí pò。Wǒ hěn xiǎng fèng zhǐ wéi huáng shàng bēn zǒu xiào láo, dàn zǔ mǔ liú shì de bìng què yī tiān bǐ yī tiān zhòng； xiǎng yào gū qiě shùn cóng zì jǐ de sī qíng, dàn bào gào shēn sù bù bèi yǔn xǔ。Wǒ shì jìn tuì liǎng nán, shí fēn láng bèi。

Wǒ fú dì sī liàng jìn cháo shì yòng xiào dào lái zhì lǐ tiān xià de, fán shì nián lǎo ér dé gāo de jiù chén, shàng qiě hái shòu dào lián mǐn yǎng yù, hé kuàng wǒ de gū kǔ chéng dù gēng wéi yán zhòng ne。Kuàng qiě wǒ nián qīng de shí hou céng jīng zuò guò shǔ hàn de guān, dān rèn guò láng guān zhí wù, běn lái jiù xī wàng zuò guān xiǎn dá, bìng bù gù xī míng shēng jié cāo。Xiàn zài wǒ shì yī ge dī jiàn de wáng gúo fú lǔ, shí fēn bēi wēi qiǎn lòu, shòu dào guò fèn tí bá, ēn chǒng yōu hòu, zěn gǎn yóu yù bù jué ér yǒu fēi fēn de qǐ qiú ne? Zhǐ shì yīn wèi zǔ mǔ liú shì shòu mìng jí jiāng zhōng liǎo, qì xī wēi ruò, shēng mìng chuí wēi, zǎo shàng bù néng xiǎng dào wǎn shàng zěn yàng。Wǒ rú guǒ méi yǒu zǔ mǔ, jiù méi yǒu jīn tiān de yàng zǐ； zǔ mǔ rú guǒ méi yǒu wǒ de zhào liào, yě wú fǎ dù guò tā de yú shēng。Zǔ sūn èr rén, hù xiāng yī kào ér wéi chí shēng mìng, yīn cǐ wǒ bù yuàn tíng zhǐ shì yǎng zǔ mǔ ér yuǎn lí。

Wǒ xiàn zài de nián líng sì shí sì suì le, zǔ mǔ xiàn zài de nián líng jiǔ shí liù suì le, zhè yàng kàn lái wǒ zài bì xià miàn qián jìn zhōng jìn jié de rì zi hái hěn cháng, ér zài zǔ mǔ liú shì miàn qián jìn xiào jìn xīn de rì zǐ hěn duǎn。Wǒ huái zhe wū yā fǎn bǔ de sī qíng, qǐ qiú néng gòu zhǔn xǔ wǒ wán chéng duì zǔ mǔ yǎng lǎo sòng zhōng de xīn yuàn。Wǒ de xīn suān kǔ chǔ, bìng bù jǐn jǐn shì shǔ dì de bǎi xìng jí Yì zhōu、Liáng zhōu de zhǎng guān suǒ néng míng bai zhī xiǎo de, tiān dì shén míng, shí zài yě dōu néng míng chá。Xī wàng bì xià néng lián mǐn wǒ de chéng xīn, mǎn zú wǒ wēi bù zú dào de xīn yuàn, shǐ zǔ mǔ liú shì néng gòu jiǎo xìng de bǎo quán tā de yú shēng。Wǒ húo zhe yīng dāng shā shēn bào xiào cháo tíng, sǐ le yě yào jié cǎo xián huán lái bào dá bì xià de ēn qíng。Wǒ huái zhe xiàng quǎn mǎ yī yàng bù shèng kǒng jù de xīn qíng, gōng jìng de chéng shàng cǐ biǎo lái gào su bì xià。

(2) 한국어 스토리텔링(韩语 讲故事)

* 명문장 : 밖으로 상복을 입을 만한 가까운 친척도 없고, 안으로는 문 앞에서 손님을 응대할 어린 시동 하나 없습니다. 홀로 외롭게 살아가면서 내 몸과 그림자가 서로 위로할 따름입니다. 신에게는 조모가 없었으면 오늘에 이를 수 없었고, 조모에게 신이 없다면 여생을 마칠 수 없을 것입니다.

(3) 중국어 스토리텔링(汉语 讲故事)

* 명문장(名句) : 外无期功强近之亲, 内无应门五尺之僮. 茕茕孑立, 形影相吊. 臣无祖母, 无以至今日; 祖母无臣, 无以终余年.

第五章

송맹동야서(送孟東野序) - 한유(韓愈)

送孟東野序

Sòng mèng dōng yě xù

韓愈(768-824)[1]

Hán yù

大凡物不得其平則鳴：草木之無聲, 風撓[2]之鳴. 水之無聲, 風蕩[3]之鳴.

Dà fán wù bù dé qí píng zé míng：cǎo mù zhī wú shēng, fēng náo zhī míng。Shuǐ zhī wú shēng, fēng dàng zhī míng。

1) 한유는 당대(唐代)의 저명한 문장가로 당송팔대가(唐宋八大家)의 한 사람이다.
2) 撓(요) : 흔들다.
3) 蕩(탕) : 움직이다.

其躍也, 或激之 ; 其趨也, 或梗[4]之 ; 其沸也, 或炙[5]之. 金石之無聲, 或擊之鳴.

Qí yuè yě, huò jī zhī ; qí qū yě, huò gěng zhī ; qí fèi yě, huò zhì zhī。Jīn shí zhī wú shēng, huò jī zhī míng。

人之於言也亦然, 有不得已者而後言.

Rén zhī yú yán yě yì rán, yǒu bù dé yǐ zhě ér hòu yán。

其歌也有思, 其哭也有懷, 凡出乎口而爲聲者, 其皆有弗平者乎!

Qí gē yě yǒu sī, qí kū yě yǒu huái, fán chū hū kǒu ér wéi shēng zhě, qí jiē yǒu fú píng zhě hū!

樂也者, 鬱[6]於中而泄[7]於外者也, 擇其善鳴者而假之鳴.

Yuè yě zhě, yù yú zhōng ér xiè yú wài zhě yě, zé qí shàn míng zhě ér jiǎ zhī míng。

金、石、絲、竹、匏[8]、土、革、木八者, 物之善鳴者也.

Jīn、shí、sī、zhú、páo、tǔ、gé、mù bā zhě, wù zhī shàn míng zhě yě。

維[9]天之於時也亦然, 擇其善鳴者而假[10]之鳴.

Wéi tiān zhī yú shí yě yì rán, zé qí shàn míng zhě ér jiǎ zhī míng。

是故以鳥鳴春, 以雷鳴夏, 以蟲鳴秋, 以風鳴冬. 四時之相推奪[11], 其必有不得其平者乎?

Shì gù yǐ niǎo míng chūn, yǐ léi míng xià, yǐ chóng míng qiū, yǐ fēng míng dōng。Sì shí zhī xiāng tuī duó, qí bì yǒu bù dé qí píng zhě hū?

---

4) 梗(경) : 막히다.
5) 炙(자) : 굽다. 끓이다.
6) 鬱(울) : 막혀 통하지 않다. 막히다.
7) 泄(설) : 새다.
8) 匏(포) : 바가지에 구멍을 뚫어서 대나무를 끼워 소리 내는 악기.
9) 維(유) : 문장을 시작시키는 어기사.
10) 假(가) : 빌리다.
11) 推奪(추탈) : 변화, 추이(推移).

其於人也亦然. 人聲之精者爲言, 文辭之於言, 又其精也, 尤擇其善鳴者而假之鳴.

Qí yú rén yě yì rán。 rén shēng zhī jīng zhě wéi yán, wén cí zhī yú yán, yòu qí jīng yě, yóu zé qí shàn míng zhě ér jiǎ zhī míng。

其在唐虞[12), 皐陶[13)禹[14), 其善鳴者也, 而假以鳴, 夔[15)弗能以文辭鳴, 又自假於《韶》以鳴.

Qí zài Táng yú, Gāo yáo、Yǔ, qí shàn míng zhě yě, ér jiǎ yǐ míng, kuí fú néng yǐ wén cí míng, yòu zì jiǎ yú《sháo》yǐ míng。

夏之時, 五子[16)以其歌鳴. 伊尹[17)鳴殷, 周公[18)鳴周. 凡載於《詩》、《書》六藝[19), 皆鳴之善者也.

Xià zhī shí, Wǔ zǐ yǐ qí gē míng。 Yī yǐn míng yīn, Zhōu gōng míng Zhōu。 fán zǎi yú《shī》、《shū》liù yì, jiē míng zhī shàn zhě yě。

周之衰, 孔子之徒鳴之, 其聲大而遠. 傳曰 : "天將以夫子爲木鐸[20). "

Zhōu zhī shuāi, Kǒng zǐ zhī tú míng zhī, qí shēng dà ér yuǎn。 Chuán yuē : "Tiān jiāng yǐ fū zǐ wéi mù duó。"

其弗信矣乎 ! 其末也, 莊周[21)以其荒唐之鳴. 楚, 大國也, 其亡也以屈原鳴.

Qí fú xìn yǐ hū!Qí mò yě, Zhuāng zhōu yǐ qí huāng táng zhī cí míng。 Chǔ, dà guó yě, qí wáng

---

12) 唐虞(당우) : 요순(堯舜).
13) 皐陶(고요) : 순(舜)임금의 신하.
14) 禹(우) : 요순(堯舜)을 섬긴 신하, 후에 우(禹)임금.
15) 夔(기) : 순(舜)임금의 신하.
16) 五子(오자) : 우(禹)임금의 손자.
17) 伊尹(이윤) : 은(殷)나라 탕왕(湯王)의 신하.
18) 周公(주공) : 주(周)나라 문왕(文王), 은(殷)나라를 물리치고 주(周)나라를 세움.
19) 六藝(육예) : 『시경(詩經)』, 『서경(書經)』, 『역경(易經)』, 『춘추(春秋)』, 『예기(禮記)』, 『악기(樂記)』 등 육경(六經).
20) 木鐸(목탁) : 쇠로 만든 방울. 옛날에 관리가 이것을 들고 다니며 나라의 명령을 백성들에게 알림.
21) 莊周(장주) : 장자.

yě yǐ Qū yuán míng。

臧孫辰、孟軻、荀卿, 以道鳴者也. 楊朱、墨翟、管夷吾、晏嬰、老聃、申不害、韓非、愼到、田駢、鄒衍、尸佼、孫武、張儀、蘇秦之屬, 皆以其術鳴.

Zāng Sūn chén、Mèng kē、Xún qīng, yǐ dào míng zhě yě。Yáng zhū、Mò zhái、Guǎn yí wú、Yàn yīng、Lǎo dān、Shēn bù hài、Hán fēi、Shèn dào、Tián pián、Zōu yǎn、Shī jiǎo、Sūn wǔ、Zhāng yí、Sū qín zhī shǔ, jiē yǐ qí shù míng。

秦之興, 李斯鳴之. 漢之時, 司馬遷、相如、揚雄, 最其善鳴者也.

Qín zhī xīng, Lǐ sī míng zhī。Hàn zhī shí, Sī mǎ qiān、Xiàng rú、Yáng xióng, zuì qí shàn míng zhě yě。

其下魏晉氏, 鳴者不及於古, 然亦未嘗絶也.

Qí xià Wèi Jìn shì, míng zhě bù jí yú gǔ, rán yì wèi cháng jué yě。

就其善者, 其聲淸以浮, 其節數[22]以急, 其辭淫以哀, 其志弛[23]以肆；其爲言也, 亂雜而無章[24].

Jiù qí shàn zhě, qí shēng qīng yǐ fú, qí jiē shuò yǐ jí, qí cí yín yǐ āi, qí zhì chí yǐ sì；qí wéi yán yě, luàn zá ér wú zhāng。

將天醜[25]其德莫之顧邪? 何爲乎不鳴其善鳴者也！

Jiāng tiān chǒu qí dé mò zhī gù yě? Hé wéi hū bù míng qí shàn míng zhě yě!

　　唐之有天下, 陳子昻、蘇源明、元結、李白、杜甫、李觀, 皆以其所能鳴.

　　Táng zhī yǒu tiān xià, Chén zǐ áng、Sū yuán míng、Yuán jié、Lǐ bái、Dù fǔ、Lǐ guān, jiē yǐ qí suǒ néng míng。

其存而在下者, 孟郊東野, 始以其詩鳴. 其高出晉魏, 不懈而及於古, 其

---

22) 數(삭) : 여러 번, 누차
23) 弛(이) : 느슨하다. 퇴폐적이다.
24) 章(장) : 무늬. 아름답다.
25) 醜(추) : 싫어하다. 미워하다.

他浸淫[26]乎漢氏矣.

Qí cún ér zài xià zhě, Mèng jiāo dōng yě shǐ yǐ qí shī míng。Qí gāo chū Wèi Jìn, bù xiè ér jí yú gǔ, qí tā jìn yín hū Hàn shì yǐ。

從吾游者, 李翺、張籍其尤[27]也. 三子者之鳴信善鳴矣.

Cóng wú yóu zhě, Lǐ áo、Zhāng jí qí yóu yě。Sān zǐ zhě zhī míng xìn shàn yǐ。

抑[28]不知天將和其聲, 而使鳴國家之盛邪, 抑將窮餓其身, 思愁其心腸, 而使自鳴其不幸邪?

Yì bù zhī tiān jiāng hé qí shēng, ér shǐ míng guó jiā zhī shèng yě, yì jiāng qióng è qí shēn, sī chóu qí xīn cháng, ér shǐ zì míng qí bù xìng yě?

三子者之命, 則懸[29]乎天矣. 其在上也奚以喜, 其在下也奚以悲!

Sān zǐ zhě zhī mìng, zé xuán hū tiān yǐ。Qí zài shàng yě xī yǐ xǐ, qí zài xià yě xī yǐ bēi!

東野之役於江南也, 有若不釋然[30]者, 故吾道其於天者以解之.

Dōng yě zhī yì yú jiāng nán yě, yǒu ruò bù shì rán zhě, gù wú dào qí yú tiān zhě yǐ jiě zhī。

---

26) 浸淫(침음) : 물이 스며들 듯이 영향을 받아 가까워짐.
27) 尤(우) : 뛰어나다.
28) 抑(억) : 아마도, 혹 그렇지 않으면.
29) 懸(현) : 걸리다.
30) 釋然(석연) : 기뻐하는 모양.

(1) 현대 한어 번역(汉译)

各种事物在不平静时就会发出声音：草木没有声音，风吹它而发出声响；水没有声音，风震荡它而发出声响。水浪腾涌，或是有东西在阻遏水势；水流湍急，或是有东西阻塞了水道；水花沸腾，或是有火在烧煮它。金属石器本来没有声音，敲击它就发出音响。人的语言也如此，到了不得不说的时候才说话。人们唱歌是为了寄托情思，人们哭泣是因为有所怀恋，凡是从口中发出而成为声音的，大概都有不能平静的原因吧!

音乐，是人们郁闷在心而宣泄在外的声音，人们选择最适合发音的东西，借助它来表达心声。金、石、丝、竹、匏、土、革、木这八种物质，是各类物质中发音最好的。上天对于一年四季也是这样，选择最善于发声的事物借它来发声。因此春天让百鸟啁啾，夏天让雷霆轰鸣，秋天让虫声鸣叫，冬天让寒风呼啸。一年四季互相推移变化，也一定有它们不能平静的原因吧?

对于人来说也是这样。人类声音的精华是语言，文辞又是语言的精华，所以尤其要选择善于表达的人，依靠他们来表达意见。在唐尧、虞舜时，咎陶、禹是最善于表达的，因而借助他俩来表达。夔不能用文辞来表达，他就借演奏《韶》乐来表达。夏朝的时候，太康的五个弟弟用他们歌声来表达。殷朝善于表达的是伊尹，周朝善于表达的是周公。凡是记载在《诗经》、《尚书》等儒家六种经典上的诗文，都是表达得很高明的。周朝衰落时，孔子和他的弟子表达看法，他们的声音洪大而传播遥远。《论语》上说："上天将使孔子成为宣扬教化的人。"这难道不是真的吗?周朝末年，庄周用他那荒诞不经的文辞来表达。楚国是大国，它灭亡的情景通过屈原的创作来表达。臧孙辰、孟轲、荀卿等人用他们的学说来表达。杨朱、墨翟、管夷吾、晏婴、老聃、申不害、韩非、慎到、田骈、邹衍、尸佼、孙武、张仪、苏秦这些人，都通过各自的主张来表达。秦朝的兴起，李斯是表达者。汉朝，司马迁、司马相如、扬雄，是最善于表达的人。此后的魏朝、晋朝，能表达的人比不上古代，可是也并未绝迹。就其表达较好的人来说，他们作品的声音清轻而虚浮，节奏短促而急迫，辞藻艳丽而伤感，志趣颓废而放旷；他们的文辞，杂乱而没有章法。难道是上天厌弃那个时代的丑恶德行而不愿照顾他们吗?为什么不让那些善于表达的人完美地表达呢?

唐朝建立后，陈子昂、苏源明、元结、李白、杜甫、李观，都凭他们的出众才华来表达心声。其后还活着的人当中，孟郊开始用他的诗歌来表达感情。这些作品超过了魏晋，经过他不懈的努力有些作品已达到了上古诗作的水平。其他作品也都接近了汉朝的水准。同我交往的人中间，李翱、张籍大概是最引人注目的。他们三位的文辞表达确实是很好的。但不知道上天将应和他们的声音，使他们作品表达国家的强盛呢，还是将让他们贫穷饥饿，愁肠百结，使他们作品表达自身的不幸遭遇呢?他们三位的命运，就掌握在上天的手里了。身居高位有什么可喜的，身沉下僚有什么可悲的!东野将到江南地区去就任县尉，心里好象有想不开的地方，所以我讲这番命由天定的话来解开他的心结。

Gè zhǒng shì wù zài bù píng jìng shí jiù huì fā chū shēng yīn : cǎo mù méi yǒu shēng yīn, fēng chuī tā ér fā chū shēng xiǎng ; shuǐ méi yǒu shēng yīn, fēng zhèn dàng tā ér fā chū shēng xiǎng。Shuǐ làng téng yǒng, huò shì yǒu dōng xī zài zǔ è shuǐ shì ; shuǐ liú tuān jí, huò shì yǒu dōng xī zǔ sè le shuǐ dào ; shuǐ huā fèi téng, huò shì yǒu huǒ zài shāo zhǔ tā。jīn shǔ shí qì běn lái méi yǒu shēng yīn, qiāo jī tā jiù fā chū yīn xiǎng。Rén de yǔ yán yě rú cǐ, dào le bù dé bù shuō de shí hou cái shuō huà。Rén men chàng gē shì wèi le jì tuō qíng sī, rén men kū qì shì yīn wèi yǒu suǒ huái liàn, fán shì cóng kǒu zhōng fā chū ér chéng wéi shēng yīn de, dà gài dōu yǒu bù néng píng jìng de yuán yīn ba!

Yīn yuè, shì rén men yù mèn zài xīn ér xuān xiè zài wài de shēng yīn, rén men xuǎn zé zuì shì hé fā yīn de dōng xi, jiè zhù tā lái biǎo dá xīn shēng。Jīn、shí、sī、zhú、páo、tǔ、gé、mù zhè bā zhǒng wù zhì, shì gè lèi wù zhì zhōng fā yīn zuì hǎo de。Shàng tiān duì yú yī nián sì jì yě shì zhè yàng, xuǎn zé zuì shàn yú fā shēng de shì wù jiè tā lái fā shēng。Yīn cǐ chūn tiān ràng bǎi niǎo zhōu jiū, xià tiān ràng léi tíng hōng míng, qiū tiān ràng chóng shēng míng jiào, dōng tiān ràng hán fēng hū xiào。Yī nián sì jì hù xiāng tuī yí biàn huà, yě yī dìng yǒu tā men bù néng píng jìng de yuán yīn ba?

Duì yú rén lái shuō yě shì zhè yàng。Rén lèi shēng yīn de jīng huá shì yǔ yán, wén cí yòu shì yǔ yán de jīng huá, suǒ yǐ yóu qí yào xuǎn zé shàn yú biǎo dá de rén, yī kào tā men lái biǎo dá yì jiàn。Zài Táng yáo、Yú shùn shí, jiù táo、Yǔ shì zuì shàn yú biǎo dá de, yīn ér jiè zhù tā liǎ lái biǎo dá。Kuí bù néng yòng wén cí lái biǎo dá, tā jiù jiè yǎn zòu《sháo》yuè lái biǎo dá。Xià cháo de shí hou, tài kāng de wǔ ge dì di yòng tā men gē shēng lái biǎo dá。Yīn cháo shàn yú biǎo dá de shì Yī yǐn, Zhōu cháo shàn yú biǎo dá de shì Zhōu gōng。Fán shì jì zǎi zài《shī jīng》、《shàng shū》děng rú jiā liù zhǒng jīng diǎn shàng de shī wén, dōu shì biǎo dá dé hěn gāo míng de。Zhōu cháo shuāi luò shí, Kǒng zǐ hé tā de dì zǐ biǎo dá kàn fǎ, tā mén de shēng yīn hóng dà ér chuán bō yáo yuǎn。《lùn yǔ》shàng shuō："Shàng tiān jiāng shǐ Kǒng zǐ chéng wéi xuān yáng jiào huà de rén。" Zhè nán dào bù shì zhēn de ma? Zhōu cháo mò nián, Zhuāng zhōu yòng tā nà huāng dàn bù jīng de wén cí lái biǎo dá。Chǔ gúo shì dà gúo, tā miè wáng de qíng jǐng tōng guò Qū yuán de chuàng zuò lái biǎo dá。Zāng sūn chén、Mèng kē、Xún qīng děng rén yòng tā men de xué shuō lái biǎo dá。Yáng zhū、Mò dí、Guǎn yí wú、Yàn yīng、Lǎo dān、Shēn bù hài、Hán fēi、Shèn dào、Tián pián、Zōu yǎn、Shī jiǎo、Sūn wǔ、Zhāng yí、Sū qín zhè xiē rén, dōu tōng guò gè zì de zhǔ zhāng lái biǎo dá。Qín cháo de xīng qǐ, Lǐ sī shì biǎo dá zhě。Hàn cháo, Sī mǎ qiān、Sī mǎ xiàng rú、Yáng xióng, shì zuì shàn yú biǎo dá de rén。Cǐ hòu de Wèi cháo、Jìn cháo, néng biǎo dá de rén bǐ bù shàng gǔ dài, kě shì yě bìng wèi jué jì。Jiù qí biǎo dá jiào hǎo de rén lái shuō, tā men zuò pǐn de shēng yīn qīng qīng ér xū fú, jié zòu duǎn cù ér jí pò, cí zǎo yàn lì ér shāng gǎn, zhì qù tuí fèi ér fàng kuàng；tā men de wén cí, zá luàn ér méi yǒu zhāng fǎ。Nán dào shì shàng tiān yàn qì nà ge shí dài de chǒu è dé xíng ér bù yuàn zhào gù tā men ma? Wèi shén me bù ràng nà xiē shàn yú biǎo dá de rén wán měi de biǎo dá ne?

Táng cháo jiàn lì hòu, Chén zǐ áng、Sū yuán míng、Yuán jié、Lǐ bái、Dù fǔ、Lǐ guān, dōu píng tā men de chū zhòng cái huá lái biǎo dá xīn shēng。Qí hòu hái húo zhe de rén dāng zhōng, Mèng jiāo kāi shǐ yòng tā de shī gē lái biǎo dá gǎn qíng。Zhè xiē zuò pǐn chāo guò le Wèi Jìn, jīng guò tā bù xiè de nǔ lì yǒu xiē zuò pǐn yǐ dá dào le shàng gǔ shī zuò de shuǐ píng。Qí tā zuò pǐn yě dōu jiē jìn le Hàn cháo de shuǐ zhǔn。Tóng wǒ jiāo wǎng de rén zhōng jiān, Lǐ áo、Zhāng jí dà gài shì zuì yǐn rén zhù mù de。Tā men sān wèi de wén cí biǎo dá què shí shì hěn hǎo de。Dàn bù zhī dào shàng tiān jiāng yìng hé tā men de shēng yīn, shǐ tā men zuò pǐn biǎo dá gúo jiā de qiáng shèng ne, hái shi jiāng ràng tā men pín qióng jī è, chóu cháng bǎi jié, shǐ tā men zuò pǐn biǎo dá zì shēn de bù xìng zāo yù ne? Tā men sān wèi de mìng yùn, jiù zhǎng wò zài shàng tiān de shǒu li le。Shēn jū gāo wèi yǒu shén me kě xǐ de, shēn chén xià liáo yǒu shén me kě bēi de! Dōng yě jiāng dào jiāng nán dì qū qù jiù rèn xiàn wèi, xīn lǐ hǎo xiàng yǒu xiǎng bù kāi de dì fang, suǒ yǐ wǒ jiǎng zhè fān mìng yóu tiān dìng de huà lái jiě kāi tā de xīn jié。

(2) 한국어 스토리텔링(韩语 讲故事)

* 중심어 : 사물의 불안정 - 소리를 내는 원인 - 잘 표현하는 사람들 - 운명 - 맹동야(孟东野)에 대한 위로

(3) 중국어 스토리텔링(汉语 讲故事)

* 중심어(关键词) : 事物的不平静 – 出声的原因 – 表达得很高明的人们 – 命运 – 对孟东野的安慰

第六章

종수곽탁타전(種樹郭橐駝傳) - 유종원(柳宗元)

種樹郭橐駝傳

Zhòng shù guō tuó tuó zhuàn

柳宗元(773-819)[1]

Liú zōng yuán

郭橐駝, 不知始何名. 病僂[2], 隆然[3]伏行, 有類橐駝者, 故鄉人號之"駝".

Guō tuó tuó, bù zhī shǐ hé míng。Bìng lǚ, lóng rán fú xíng, yǒu lèi tuó tuó zhě, gù xiāng rén hào zhī "tuó"。

1) 유종원은 당대(唐代)의 저명한 문장가로 당송팔대가(唐宋八大家)의 한 사람이다.
2) 僂(루) : 곱사등이.
3) 隆然(융연) : 불룩 솟은 모양.

駝聞之, 曰： “甚善. 名我固當.” 因舍[4]其名, 亦自謂橐駝云.

Tuó wén zhī, yuē ：“Shèn shàn。Míng wǒ gù dāng。” Yīn shě qí míng, yì zì wèi tuó tuó yún。

其鄕曰豊樂鄕, 在長安[5]西. 駝業種樹, 凡長安豪富人爲觀游及賣果者, 皆爭迎取養[6].

Qí xiāng yuē Fēng lè xiāng, zài Cháng ān xī。Tuó yè zhòng shù, fán Cháng ān háo fù rén wèi guān yóu jí mài guǒ zhě, jiē zhēng yíng qǔ yǎng。

視駝所種樹, 或移徙, 無不活, 且碩茂, 早實以蕃. 他植者雖窺伺[7]效慕[8], 莫能如也.

Shì tuó suǒ zhòng shù, huò yí xǐ, wú bù huó, qiě shuò mào, zǎo shí yǐ fān。Tā zhí zhě suī kuī sì xiào mù, mò néng rú yě。

有問之, 對曰： “橐駝非能使木壽且孳[9]也, 能順木之天, 以致其性焉爾. 凡植木之性, 其本欲舒, 其培欲平, 其土欲故, 其築[10]欲密.

Yǒu wèn zhī, duì yuē：“Tuó tuó fēi néng shǐ mù shòu qiě zī yě, néng shùn mù zhī tiān, yǐ zhì qí xìng yān ěr。Fán zhí mù zhī xìng, qí běn yù shū, qí péi yù píng, qí tǔ yù gù, qí zhù yù mì。

既然已, 勿動勿慮, 去不復顧. 其蒔[11]也若子, 其置也若棄, 則其天者全而其性得矣.

Jì rán yǐ, wù dòng wù lǜ, qù bù fù gù。Qí shì yě ruò zǐ, qí zhì yě ruò qì, zé qí tiān zhě quán ér qí xìng dé yǐ。

4) 舍(사) : 버리다.
5) 長安(장안) : 당대(唐代)의 수도. 지금의 서안(西安).
6) 取養(취양) : 취하다. 고용하다.
7) 窺伺(규사) : 엿보다.
8) 效慕(효모) : 흉내 내다.
9) 孳(자) : 번식하다. 낳다.
10) 築(축) : 흙을 두드리다. 흙을 다지다.
11) 蒔(시) : 심다. 모종을 내다.

故吾不害其長而已, 非有能碩茂之也；不抑耗[12)]其實而已, 非有能早而蕃之也.

Gù wú bù hài qí zhǎng ér yǐ, fēi yǒu néng shuò mào zhī yě；bù yì hào qí shí ér yǐ, fēi yǒu néng zǎo ér fān zhī yě。

他植者則不然, 根拳而土易, 其培之也, 若不過焉則不及.

Tā zhí zhě zé bù rán, gēn quán ér tǔ yì, qí péi zhī yě, ruò bù guò yān zé bù jí。

苟有能反是者, 則又愛之太恩, 憂之太勤, 旦視而暮撫, 已去而復顧, 甚者爪其膚[13)]以驗其生枯, 搖其本以觀其疏密, 而木之性日以離矣.

Gǒu yǒu néng fǎn shì zhě, zé yòu ài zhī tài ēn, yōu zhī tài qín, dàn shì ér mù fǔ, yǐ qù ér fù gù, shèn zhě zhǎo qí fū yǐ yàn qí shēng kū, yáo qí běn yǐ guān qí shū mì, ér mù zhī xìng rì yǐ lí yǐ。

雖曰愛之, 其實害之；雖曰憂之, 其實仇之, 故不我若也. 吾又何能爲哉!”

Suī yuē ài zhī, qí shí hài zhī；suī yuē yōu zhī, qí shí chóu zhī, gù bù wǒ ruò yě。wú yòu hé néng wéi zāi!”

問者曰：“以子之道, 移之官理, 可乎?” 駝曰：“我知種樹而已, 官理, 非吾業也. 然吾居鄕, 見長人者[14)]好煩其令, 若甚怜[15)]焉, 而卒以禍.

Wèn zhě yuē：“Yǐ zǐ zhī dào, yí zhī guān lǐ, kě hū?” Tuó yuē：“Wǒ zhī zhòng shù ér yǐ, guān lǐ, fēi wú yè yě。Rán wú jū xiāng, jiàn zhǎng rén zhě hǎo fán qí lìng, ruò shèn lián yān, ér zú yǐ huò。

旦暮吏來而呼曰：‘官命促爾[16)]耕, 勖[17)]

12) 抑耗(억모) : 억제하고 줄이다.
13) 膚(부) : 살갗. 껍질.
14) 長人者(장인자) : 관리.
15) 怜(령) : 불쌍히 여기다.
16) 爾(이) : 너, 당신.
17) 勖(욱) : 힘쓰다.

爾植, 督爾获, 早繅[18]而緒, 早織而縷[19], 字[20]而幼孩, 遂[21]而鷄豚.' 鳴鼓而聚之, 擊木而召之.

Dàn mù lì lái ér hū yuē : 'Guān mìng cù ěr gēng, xù ěr zhí, dū ěr huò, zǎo sāo ér xù, zǎo zhī ér lǚ, zì ér yòu hái, suí ér jī tún。' Míng gǔ ér jù zhī, jī mù ér zhào zhī。

吾小人輟[22]飧饔[23]以勞吏者, 且不得暇, 又何以蕃吾生而安吾性耶?

Wú xiǎo rén chuò sūn yōng yǐ láo lì zhě, qiě bù dé xiá, yòu hé yǐ fān wú shēng ér ān wú xìng yé?

故病且怠[24]. 若是, 則與吾業者其[25]亦有類乎?"

Gù bìng qiě dài。Ruò shì, zé yǔ wú yè zhě qí yì yǒu lèi hū?"

問者曰: "嘻, 不亦善夫!吾問養樹, 得養人術." 傳其事以爲官戒.

Wèn zhě yuē : "Xī, bù yì shàn fú! Wú wèn yǎng shù, dé yǎng rén shù。" Chuán qí shì yǐ wéi guān jiè。

---

18) 繅(소) : 고치에서 실을 뽑다.
19) 縷(루) : 실, 명주.
20) 字(자) : 아이를 배다. 양육하다.
21) 遂(수) : 순조롭게 키우다.
22) 輟(철) : 그치다. 멈추다.
23) 飧饔(손옹) : 저녁밥과 아침밥.
24) 怠(태) : 피곤하다. 지치다.
25) 其(기) : 대략.

(1) 현대 한어 번역(汉译)

郭橐驼, 开始不知道他名字。 他曾患有脊背弯曲的病, 脊背弓起, 弯腰而行, 像骆驼, 所以乡里人称他为“驼”。 他听到后, 说: “很好, 这样称呼我本来就恰当。” 也自称“橐驼”。

他的家乡叫丰乐乡, 在长安城的西面。 橐驼以种树为职业, 大凡长安城里有钱有势的人家要修建观赏游玩场所的, 以及自种自卖水果的人, 都争着把他接到家中供养。 看橐驼所种的树木, 移栽的也没有不活的, 而且长得高大茂盛, 果实结得又早又多。 其他种树的人即使偷看模仿, 却没有一个人能比得上他。

有人问他原因, 他回答说: “我并不是能使树木活得长久而又繁殖得快, 只是能顺应树木自然生长的规律, 让它的本性自然发展罢了。 大凡要种的树木的习性: 它的树根要舒展, 给它培的土要平整, 它根上的土要用原土, 夯土要紧实。 这样做了以后, 就不要再去动它, 也不要去挂念它, 离开它以后, 就不要总回来看它。 那栽种的时候, 像爱护自己的子女一样待它, 那栽完后, 就像丢弃掉一般不再管它, 那么它的自然的天性得到保全, 而且遵循它的生长习性去生长了。 所以我只是不妨害它生长罢了, 并不是有能使长得它高大茂盛秘密; 我只是不抑制损伤它的果实罢了, 并不是有能使它的果实结得又早又多窍门。 其他种树的人就不是这样: 种的时候让树根拳曲还换掉树根上原有的土; 他们培土的时候, 不是过量就是不足。 假如能有和这样做相反的人, 却又对种上的树木爱得过分, 忧虑得过多, 早晨看傍晚摸, 一离开再回头看看。 更殷勤的还要抓破树皮来验看树的死活, 摇动树根来察看栽种得松了还是实了, 这样树的生长习性就一天天丧失了。 虽说是爱护树, 其实是害了它; 虽说是担心树, 其实是仇恨它。 所以比不上我。 其实我又能做什么呢?”

问的人说: “把您种树的道理, 移用到当官治民上, 可以吗?” 橐驼说: “我只知道种树而已, 治民, 不是我的职业。 可是我住在乡里, 看到那些当官的喜欢烦琐地发布命令，好像非常爱护百姓，结果却因此给人民带来祸患。每天早早晚晚差吏就来喊叫：上官有令，催促你们耕好田，勉励你们快播种，督促你们及时收割。早点缫好你们的丝，早点纺好你们的线。养育好你们的小孩，喂大你们的鸡和猪。’一会儿击鼓把人们聚集起来，一会儿又敲木梆把大家召来。我们小百姓停止吃饭去慰劳差吏，尚且没有空闲，又用什么使我们的生产发展生活安定呢?所以我们生活困顿又人人疲惫。如果从这点看来，与我干得职业，大概有相似之处吧?”

问的人赞叹道：“这不是说得很好吗?我问养树,却得到了养民的办法。”我记下这些事把它作为当官的人的镜子。

Guō túo túo, kāi shǐ bù zhī dào tā míng zi。Tā céng huàn yǒu jǐ bēi wān qū de bìng, jǐ bēi gōng qǐ, wān yāo ér xíng, xiàng luò túo, suǒ yǐ xiāng lǐ rén chēng tā wéi“túo”。Tā tīng dào hòu, shuō：“hěn hǎo, zhè yàng chēng hū wǒ běn lái jiù qià dāng。” Yě zì chēng “túo túo”。

Tā de jiā xiāng jiào fēng lè xiāng, zài Cháng ān chéng de xī miàn。Túo túo yǐ zhòng shù wéi zhí yè, dà fán Cháng ān chéng lǐ yǒu qián yǒu shì de rén jiā yào xiū jiàn guān shǎng yóu wán chǎng suǒ de, yǐ jí zì zhòng zì mài shuǐ guǒ de rén, dōu zhēng zhe bǎ tā jiē dào jiā zhōng gòng yǎng。Kàn túo túo suǒ zhòng de shù mù, yí zāi de yě méi yǒu bù húo de, ér qiě zhǎng de gāo dà mào shèng, guǒ shí jié dé yòu zǎo yòu duō。Qí tā zhòng shù de rén jí shǐ tōu kàn mó fǎng, què méi yǒu yī ge rén néng bǐ dé shàng tā。

Yǒu rén wèn tā yuán yīn, tā huí dá shuō：“Wǒ bìng bù shì néng shǐ shù mù húo de cháng jiǔ ér yòu fán zhí de kuài, zhǐ shì néng shùn yīng shù mù zì rán shēng zhǎng de guī lǜ, ràng tā de běn xìng zì rán fā zhǎn bà le。Dà fán yào zhòng de shù mù de xí xìng： Tā de shù gēn yào shū zhǎn, gěi tā péi de tǔ yào píng zhěng, tā gēn shàng de tǔ yào yòng yuán tǔ, hāng tǔ yào jǐn shí。Zhè yàng zuò le yǐ hòu, jiù bù yào zài qù dòng tā, yě bù yào qù guà niàn tā, lí kāi tā yǐ hòu, jiù bù yào zǒng huí lái kàn tā。Nà zāi zhòng de shí hou, xiàng ài hù zì jǐ de zǐ nǚ yī yàng dài tā, nà zāi wán hòu, jiù xiàng diū qì diào yī bān bù zài guǎn tā, nà me tā de zì rán de tiān xìng dé dào bǎo quán, ér qiě zūn xún tā de shēng zhǎng xí xìng qù shēng zhǎng le。Suǒ yǐ wǒ zhǐ shì bù fáng hài tā shēng zhǎng bà le, bìng bù shì yǒu néng shǐ zhǎng de tā gāo dà mào shèng mì mì；wǒ zhǐ shì bù yì zhì sǔn shāng tā de guǒ shí bà le, bìng bù shì yǒu néng shǐ tā de guǒ shí jié de yòu zǎo yòu duō qiào mén。Qí tā zhòng shù de rén jiù bù shì zhè yàng： zhòng de shí hou ràng shù gēn quán qǔ hái huàn diào shù gēn shàng yuán yǒu de tǔ； tā men péi tǔ de shí hou, bù shì guò liàng jiù shì bù zú。Jiǎ rú néng yǒu hé zhè yàng zuò xiāng fǎn de rén, què yòu duì zhòng shàng de shù mù ài dé guò fèn , yōu lǜ dé guò duō, zǎo chén kàn bàng wǎn mō, yī lí kāi zài huí tóu kàn kan。Gēng yīn qín de hái yào zhuā pò shù pí lái yàn kàn shù de sǐ húo, yáo dòng shù gēn lái chá kàn zāi zhòng de sōng le hái shi shí le, zhè yàng shù de shēng zhǎng xí xìng jiù yī tiān tiān sàng shī le。suī shuō shì ài hù shù, qí shí shì hài le tā； suī shuō shì dān xīn shù, qí shí shì chóu hèn tā。Suǒ yǐ bǐ bù shàng wǒ。Qí shí wǒ yòu néng zuò shén me ne?"

Wèn de rén shuō："Bǎ nín zhòng shù de dào lǐ, yí yòng dào dāng guān zhì mín shàng, kě yǐ ma?" Túo túo shuō："Wǒ zhǐ zhī dào zhòng shù ér yǐ, zhì mín, bù shì wǒ de zhí yè。Kě shì wǒ zhù zài xiāng lǐ, kàn dào nà xiē dāng guān de xǐ huan fán suǒ de fā bù mìng lìng, hǎo xiàng fēi cháng ài hù bǎi xìng, jiē guǒ què yīn cǐ gěi rén mín dài lái huò huàn。Měi tiān zǎo zǎo wǎn wǎn chāi lì jiù lái hǎn jiào： Shàng guān yǒu lìng, cuī cù nǐ men gēng hǎo tián, miǎn lì nǐ men kuài bō zhǒng , dū cù nǐ men jí shí shōu gē。Zǎo diǎn sāo hǎo nǐ men de sī, zǎo diǎn fǎng hǎo nǐ men de xiàn。Yǎng yù hǎo nǐ men de xiǎo hái, wèi dà nǐ men de jī hé zhū。' Yī huìr jī gǔ bǎ rén men jù jí qǐ lái, yī huìr yòu qiāo mù bāng bǎ dà jiā zhào lái。Wǒ men xiǎo bǎi xìng tíng zhǐ chī fàn qù wèi láo chāi lì, shàng qiě méi yǒu kòng xián, yòu yòng shén me shǐ wǒ men de shēng chǎn fā zhǎn shēng húo ān dìng ne? Suǒ yǐ wǒ men shēng húo kùn dùn yòu rén rén pí bèi。Rú guǒ cóng zhè diǎn kàn lái, yǔ wǒ gān dé zhí yè, dà gài yǒu xiāng sì zhī chù ba?"

Wèn de rén zàn tàn dào："Zhè bù shì shuō de hěn hǎo ma? Wǒ wèn yǎng shù, què dé dào le yǎng mín de bàn fǎ。" Wǒ jì xià zhè xiē shì bǎ tā zuò wéi dāng guān de rén de jìng zǐ。

(2) 한국어 스토리텔링(韩语 讲故事)

* 중심어 : 나무 심는 곽탁타 - 곽탁타의 식목 방법 - 곽탁타의 식목과 정치

(3) 중국어 스토리텔링(汉语 讲故事)

* 중심어(关键词)：以种树为职业的郭橐驼 – 郭橐驼的种树办法 – 郭橐驼的种树和政治

第七章

추성부(秋聲賦) - 구양수(歐陽脩)

秋聲賦

Qiū shēng fù

歐陽修[1]

Ōu yáng xiū

歐陽子[2]方夜讀書, 聞有聲自西南來者, 悚然[3]而聽之, 曰: "異哉!" 初淅瀝[4]以蕭颯[5], 忽奔騰而砰湃[6], 如波濤夜驚, 風雨驟至.

Ōu yáng zǐ fāng yè dú shū, wén yǒu shēng zì xī nán lái zhě, sǒng rán ér tīng zhī, yuē : "Yì zāi!" Chū xī lì yǐ xiāo sà, hū bēn téng ér pēng pài, rú bō tāo yè jīng, fēng yǔ zhòu zhì。

其觸於物也, 鏦鏦[7]錚錚[8], 金鐵皆鳴 ; 又如赴敵之兵, 銜枚[9]疾走, 不聞號令, 但聞人馬之行聲.

Qí chù yú wù yě, cōng cōng zhēng zhēng, jīn tiě jiē míng ; yòu rú fù dí zhī bīng, xián méi jí zǒu, bù wén hào lìng, dàn wén rén mǎ zhī xíng shēng。

予謂童子: "此何聲也? 汝出視之." 童子曰: "星月皎潔[10], 明河[11]在天, 四無人聲, 聲在樹間."

Yǔ wèi tóng zǐ : "Cǐ hé shēng yě? Rǔ chū shì zhī。" Tóng zǐ yuē : "Xīng yuè jiǎo jié, míng hé zài tiān, sì wú rén shēng, shēng zài shù jiān。"

---

1) 송나라의 정치가 겸 문인. 자(字)는 영숙(永叔), 호는 취옹(醉翁)이며 만년에는 육일거사(六一居士)라고 하였다.
2) 歐陽子(구양자): 구양수 자신을 이르는 말.
3) 悚然(송연): 무서워하는 모양. 오싹하다.
4) 淅瀝(석력): 빗소리의 형용. 부슬부슬.
5) 蕭颯(소삽): 바람 부는 소리. 쏴.
6) 砰湃(팽배): 물이 바위에 부딪쳐 나는 소리.
7) 鏦鏦(총총): 칼이나 쇠붙이가 부딪칠 때 나는 소리.
8) 錚錚(쟁쟁): 금속이 울리는 소리.
9) 銜枚(함매): 재갈을 물다.
10) 皎潔(교결): 희고 맑게 빛나는 것.
11) 明河(명하): 은하수.

余曰："噫嘻[12]悲哉! 此秋聲也, 胡爲[13]而來哉?

Yú yuē："Yī xī bēi zāi! Cǐ qiū shēng yě, hú wéi ér lái zāi?

蓋夫[14]秋之爲狀也：其色慘淡[15], 煙霏雲斂[16]；其容清明, 天高日晶；其氣慄冽[17], 砭[18]人肌骨；其意蕭條[19], 山川寂寥[20].

Gài fú qiū zhī wéi zhuàng yě： qí sè cǎn dàn, yān fēi yún liǎn； qí róng qīng míng, tiān gāo rì jīng； qí qì lì liè, biān rén jī gǔ； qí yì xiāo tiáo, shān chuān jì liáo。

故其爲聲也, 淒淒[21]切切[22], 呼號憤發. 豐草綠縟[23]而爭茂, 佳木蔥籠[24]而可悅；草拂之而色變, 木遭之而葉脫.

Gù qí wéi shēng yě, qī qī qiē qiē, hū hào fèn fā。Fēng cǎo lǜ rù ér zhēng mào, jiā mù cōng lóng ér kě yuè； cǎo fú zhī ér sè biàn, mù zāo zhī ér yè tuō。

其所以摧敗零落[25] 摧者, 乃其一氣[26]之餘烈. 夫秋, 刑官[27]也, 於時爲

---

12) 噫嘻(희희): 아아. 감탄사.
13) 胡爲(호위): 어찌하여.
14) 蓋夫(개부): 대체로.
15) 慘淡(참담): 마음이 아프고 담담함.
16) 煙霏雲斂(연미운렴): 안개가 걷히고 구름이 사라지다.
17) 慄冽(율렬): 뼈가 저리도록 차다.
18) 砭(폄): 고대에 병 치료에 쓰이던 돌침. 여기서는 '찌르다'는 뜻으로 사용.
19) 蕭條(소조): 쓸쓸하다.
20) 寂寥(적료): 적적하고 고요하다.
21) 淒淒(처처): 쓸쓸하다.
22) 切切(절절): 구슬프다. 절절하다.
23) 綠縟(녹욕): 초목이 무성한 모습.
24) 蔥籠(총룡): 초목이 푸르게 무성한 모습.
25) 敗零落(최패영락): 부서져 깨지고 쇠하여 시들다.
26) 一氣(일기): 천지만물을 구성하는 혼연(混然)의 기운. 천지만물의 변화는 모두 '一氣' 운행의 결과이다.
27) 刑官(형관): 주나라 육관(六官)의 하나. 육관은 천지와 사계절의 순서에 따라 천관(天官), 지관(地官), 춘관(春官), 하관(夏官), 추관(秋官), 동관(冬官)으로 되어 있다. '천관'은 통솔을 담당하는 직무로 장은 총재(冢宰)이고 모든 관리들을 통솔한다. '지관'은 가르치는 역할을 담당하는 교관(敎官)으로 그 장은 사도(司徒)이고 교육, 재정, 지방행정을 담당한다. '춘관'은 예(禮)를 담당한 예관(禮官)으로 그 장은 종백(宗伯)이고 국가 의례(儀禮)와 제사를 주관한다. '하관'은 군대를 담당한 병관(兵官)으로 그 장은 사마(司馬)이고 병마(兵馬)와 군대 등을 관할한다. '추관'은 형벌을 관장하는 형관(刑官)으로 그 장은 사구(司寇)이다. '동관'은 일을 담당하는 사관(事官)으로 그 장

陰；又兵象[28)]也, 於行用金, 是謂天地之義氣, 常以肅殺而爲心.

Qí suǒ yǐ cuī bài líng luò zhě, nǎi qí yī qì zhī yú liè。Fú qiū, xíng guān yě, yú shí wéi yīn；yòu bīng xiàng yě, yú xíng yòng jīn, shì wèi tiān dì zhī yì qì, cháng yǐ sù shā ér wéi xīn。

天之於物, 春生秋實, 故其在樂也, 商聲主西方之音[29)], 夷則爲七月之律[30)]. 商, 傷也, 物既老而悲傷；夷, 戮也, 物過盛而當殺."

Tiān zhī yú wù, chūn shēng qiū shí, gù qí zài yuè yě, shāng shēng zhǔ xī fāng zhī yīn, yí zé wéi qī yuè zhī lǜ。Shāng, shāng yě, wù jì lǎo ér bēi shāng； yí, lù yě, wù guò shèng ér dāng shā。"

"嗟乎!草木無情, 有時飄零[31)]. 人爲動物, 惟物之靈；百憂感其心, 萬事勞其形；有動於中, 必搖其精.

"Jiē hū! Cǎo mù wú qíng, yǒu shí piāo líng。Rén wéi dòng wù, wéi wù zhī líng； bǎi yōu gǎn qí xīn, wàn shì láo qí xíng； yǒu dòng yú zhōng, bì yáo qí jīng。

而況思其力之所不及, 憂其智之所不能；宜其渥然[32)]丹者爲槁木, 黟然[33)]黑者爲星星. 奈何以非金石之質, 欲與草木而爭榮?

ér kuàng sī qí lì zhī suǒ bù jí, yōu qí zhì zhī suǒ bù néng； yí qí wò rán dān zhě wéi gǎo mù, yī rán hēi zhě wéi xīng xīng。Nài hé yǐ fēi jīn shí zhī zhì, yù yǔ cǎo mù ér zhēng róng?

念誰爲之戕賊[34)], 亦何恨乎秋聲!"

Niàn shéi wéi zhī qiāng zéi, yì hé hèn hū qiū shēng!"

은 사공(司空)이고 토목 및 공예 등을 담당한다.

28) 兵象(병상): 무기(武器)의 형상(形象). 무기가 물건을 살상(殺傷)하고 가을 또한 초목을 말려 죽이는 살기(殺氣)가 있어 가을은 무기의 형상(形象)이다.

29) 商聲主西方之音(상성주서방지음): '商聲'은 오성(五聲) 중의 하나. 고대에는 오성을 계절에 대응시켰다. 봄은 각(角), 여름은 치(徵), 늦여름은 궁(宮), 가을은 상(商), 겨울은 우(羽). 가을은 오행 중 서쪽에 해당한다.

30) 夷則爲七月之律(이즉위칠월지율): '夷'는 12율(律)의 하나로 7월에 해당.

31) 飄零(표령): 너풀거리며 떨어지다.

32) 渥然(악연): 두텁다. 짙다.

33) 黟然(이연): 검은 모양.

34) 戕賊(장적): 손상시키다.

童子莫對, 垂頭而睡. 但聞四壁蟲聲唧唧[35], 如助予之歎息.

Tóng zǐ mò duì, chuí tóu ér shuì。Dàn wén sì bì chóng shēng jī jī, rú zhù yǔ zhī tàn xī。

(1) 현대 한어 번역(汉译)

欧阳晚上正在读书, (忽然)听到有声音从西南方向传来, 心里不禁有些害怕, 惊道: "奇怪!"这声音初听时淅淅沥沥, 萧萧飒飒, 忽然变得汹涌澎湃, 像是夜间(大海上)波涛突起, 风雨骤然而至, 碰到物体上, 铮铮, 好像金属相击。 仔细听, 又像奔赴战场的军队正衔枚疾进, 没有听到号令, 只有人马行进的声音。 于是对童子说: "这是什么声音?你出去看看。" 童子回答说: "月色很美, 星光灿烂, 浩瀚的银河挂在天上, 周围没有人声, 那声音是从树林间传来的。"

我恍然大悟, 叹道: "哦, 原来这是秋天的风声呀, 真令人伤感, 它怎么突然就来了呢?秋天总是这样: 它的色调凄凄惨淡, 云气消失, 烟霭飘散; 它的形貌爽朗清新, 天空高远, 日色晶明; 它的气候清冷萧瑟, 悲风凛冽, 刺人肌骨; 它的意境冷落苍凉, 川流寂静, 山林空旷。 所以它发出的声音时而凄凄切切, 时而呼 啸激昂。 秋风未起时, 绿草如毯, 丰美繁茂, 树木葱茏, 令人心旷神怡。 然而它一旦来临, 拂过草地, 草就要变色, 掠过森林, 树就要落叶。 它用来摧败花草使树木凋零的, 便是一种肃杀之气的余烈。 "秋天是刑官行刑的季节, 它在时令上属阴; 秋天又象征着用兵, 它在五行中属金。这就是常说的'天地之义气', 它常常以肃杀为意志。 自然对于万物, 是要它们在春天生长, 在秋天结实。 所以秋天在音乐的五声中又属商声, 商声是代表西方的一种声音, 而七月的音律是'夷则'。 商, 也就是'伤'的意思, 万物衰老了, 都会悲伤。 夷, 是杀戮的意思, 凡万物过了繁盛期, 都会走向衰败。

---

35) 唧唧(즉즉): 벌레가 끊임없이 우는 소리.

“呜呼，草木是无情之物，尚有衰败零落之时。人为动物，在万物中又最有灵性。有无穷无尽的忧愁来煎熬他的心，又有无数琐碎烦恼的事来劳累他的身体；费心劳神，必然会损耗精力。何况常常思考自己的力量所做不到的事情，忧虑自己的智慧所不能解决的问题，自然会使他鲜红滋润的肤色变得苍老枯槁，乌黑光 亮的须发变得花白斑驳。人非金石，为什么却要以不是金石的肌体去像草木那样争一时的荣盛呢?仔细想想吧，伤害自己的到底是什么，又怎么可以去怨恨这秋声。”

童子没有应答，低头沉沉睡去，却听得四壁虫声，像在附和我的叹息。

Ōu yáng wǎn shàng zhèng zài dú shū,(hū rán)tīng dào yǒu shēng yīn cóng xī nán fāng xiàng chuán lái, xīn lǐ bù jìn yǒu xiē hài pà, jīng dào：“qí guài!” Zhè shēng yīn chū tīng shí xī xī lì lì, xiāo xiāo sà sà, hū rán biàn de xiōng yǒng péng pài, xiàng shì yè jiān(dà hǎi shàng) bō tāo tū qǐ, fēng yǔ zhòu rán ér zhì, pèng dào wù tǐ shàng, zhēng zhēng, hǎo xiàng jīn shǔ xiàng jī。zǐ xì tīng, yòu xiàng bēn fù zhàn chǎng de jūn duì zhèng xián méi jí jìn, méi yǒu tīng dào hào lìng, zhǐ yǒu rén mǎ xíng jìn de shēng yīn。yú shì duì tóng zǐ shuō：“Zhè shì shén me shēng yīn? Nǐ chū qù kàn kan。” Tóng zǐ huí dá shuō：“Yuè sè hěn měi, xīng guāng càn làn, hào hàn de yín hé guà zài tiān shàng, zhōu wéi méi yǒu rén shēng, nà shēng yīn shì cóng shù lín jiān chuán lái de。”

Wǒ huǎng rán dà wù, tàn dào：“Ō, yuán lái zhè shì qiū tiān de fēng shēng ya, zhēn lìng rén shāng gǎn, tā zěn me tū rán jiù lái le ne? Qiū tiān zǒng shì zhè yàng：Tā de sè diào qī qī cǎn dàn, yún qì xiāo shī, yān ǎi piāo sǎn； tā de xíng mào shuǎng lǎng qīng xīn, tiān kōng gāo yuǎn, rì sè jīng míng； tā de qì hòu qīng lěng xiāo sè, bēi fēng lǐn liè, cì rén jī gǔ； tā de yì jìng lěng luò cāng liáng, chuān liú jì jìng, shān lín kōng kuàng。suǒ yǐ tā fā chū de shēng yīn shí ér qī qī qiē qiē, shí ér hū xiào jī áng。Qiū fēng wèi qǐ shí, lǜ cǎo rú tǎn, fēng měi fán mào, shù mù cōng lóng, lìng rén xīn kuàng shén yí。rán ér tā yī dàn lái lín, fú guò cǎo dì, cǎo jiù yào biàn sè, luè guò sēn lín, shù jiù yào luò yè。Tā yòng lái cuī bài huā cǎo shǐ shù mù diāo líng de, biàn shì yī zhǒng sù shā zhī qì de yú liè。“ Qiū tiān shì xíng guān xíng xíng de jì jié, tā zài shí lìng shàng shǔ yīn； qiū tiān yòu xiàng zhēng zhe yòng bīng, tā zài wǔ xíng zhōng shǔ jīn。Zhè jiù shì cháng shuō de ‘tiān dì zhī yì qì’, tā cháng cháng yǐ sù shā wéi yì zhì。Zì rán duì yú wàn wù, shì yào tā men zài chūn tiān shēng zhǎng, zài qiū tiān jiē shí。Suǒ yǐ qiū tiān zài yīn yuè de wǔ shēng zhōng yòu shǔ shāng shēng, shāng shēng shì dài biǎo xī fāng de yī zhǒng shēng yīn, ér qī yuè de yīn lǜ shì ‘yí zé’。Shāng, yě jiù shì ‘shāng’ de yì sī, wàn wù shuāi lǎo le, dōu huì bēi shāng。Yí, shì shā lù de yì sī, fán wàn wù guò le fán shèng qī, dōu huì zǒu xiàng shuāi bài。

“Wū hū, cǎo mù shì wú qíng zhī wù, shàng yǒu shuāi bài líng luò zhī shí。Rén wéi dòng wù, zài wàn wù zhōng yòu zuì yǒu líng xìng。Yǒu wú qióng wú jìn de yōu chóu lái jiān áo tā de xīn, yòu yǒu wú shù suǒ suì fán nǎo de shì lái láo lèi tā de shēn tǐ； fèi xīn láo shén, bì rán huì sǔn hào jīng lì。Hé kuàng cháng cháng sī kǎo zì jǐ de lì liang suǒ zuò bù dào de shì qíng, Yōu lǜ zì jǐ de zhì huì suǒ bù néng jiě jué de wèn tí, zì rán huì shǐ tā xiān hóng zī rùn de fū sè biàn dé cāng lǎo kū gǎo, wū hēi guāng liàng de xū fà biàn dé huā bái bān bó。Rén fēi jīn shí, wèi shén me què yào yǐ bù shì jīn shí de jī tǐ qù xiàng cǎo mù nà yàng zhēng yī shí de róng shèng ne? Zǐ xì xiǎng xiǎng ba, shāng hài zì jǐ de dào dǐ shì shén me, yòu zěn me kě yǐ qù yuàn hèn zhè qiū shēng。"

Tóng zǐ méi yǒu yìng dá, dī tóu chén chén shuì qù, què tīng de sì bì chóng shēng, xiàng zài fù hé wǒ de tàn xī。

(2) 한국어 스토리텔링(韩语 讲故事)

* 명문장 : 그 기는 몹시 차가워서 사람의 기골을 찌르고, 그 마음은 쓸쓸하여 산천이 적막하다. 초목은 감정이 없어 때가 되면 날리어 떨어지지만, 사람은 동물이고 만물의 영장(靈長)이다. 온갖 근심이 그 마음을 느끼게 하고 수많은 일이 그 몸을 수고롭게 하여, 마음속에 움직임이 있으면 반드시 그 정신을 동요시킨다.

(3) 중국어 스토리텔링(汉语 讲故事)

* 명문장(名句) : 其气栗冽,砭人肌骨; 其意萧条, 山川寂廖. 草木无情, 有时飘零. 人为动物, 惟物之灵. 百忧感其心、万事劳其形; 有动于中, 必摇其精.

第八章

악양루기(岳陽樓記) - 범중엄(范仲淹)

岳陽樓記

Yuè yáng lóu jì

范仲淹(989-1052)[1]

Fàn zhòng yān

慶歷[2]四年春, 滕子京[3]謫守巴陵郡[4]. 越明年, 政通人和, 百廢具興.

Qìng lì sì nián chūn, téng zǐ jīng zhé shǒu bā líng jùn。Yuè míng nián, zhèng tōng rén hé, bǎi fèi jù xìng。

乃重修岳陽樓, 增其舊制, 刻唐賢今人詩賦於其上. 屬[5]予作文以記之.

Nǎi zhòng xiū yuè yáng lóu, zēng qí jiù zhì, kè táng xián jīn rén shī fù yú qí shàng。Zhǔ yǔ zuò wén yǐ jì zhī。

予觀夫巴陵勝狀, 在洞庭一湖. 銜遠山, 呑長江, 浩浩湯湯[6], 橫無際涯;朝暉[7]夕陰, 氣象萬千.

Yǔ guān fú bā líng shèng zhuàng, zài dòng tíng yī hú。Xián yuǎn shān, tūn Cháng jiāng, hào hào shāng shāng, héng wú jì yá ;cháo huī xī yīn, qì xiàng wàn qiān。

此則岳陽樓之大觀也. 前人之述备矣. 然則北通巫峽[8], 南極瀟湘[9], 遷客騷人, 多會於此, 覽物之情, 得無異乎?

Cǐ zé yuè yáng lóu zhī dà guān yě。Qián rén zhī shù bèi yǐ。Rán zé běi tōng wū xiá, nán jí xiāo

---

1) 범중엄은 송대(宋代) 정치가이자 저명한 문인이다.
2) 慶歷(경력) : 송(宋)나라 인종(仁宗)의 연호(年號).
3) 滕子京(등자경) : 범중엄의 동년(同年) 진사(進士)이다.
4) 巴陵郡(파릉군) : 지금의 호남성(湖南省) 악양현(岳陽縣).
5) 屬(촉) : 부탁하다.
6) 湯湯(상상) : 물이 세차게 흐르는 모양.
7) 暉(휘) : 빛, 빛나다.
8) 巫峽(무협) : 장강(長江) 삼협(三峽)의 하나로 사천성(四川省) 무산현(巫山縣)에서 호남성(湖南省) 파동현(巴東縣)까지의 협곡이다.
9) 瀟湘(소상) : 소수(瀟水)와 상수(湘水).

xiāng, qiān kè sāo rén, duō huì yú cǐ, lǎn wù zhī qíng, dé wú yì hū?

若夫[10]霪雨霏霏[11], 連月不開, 陰風怒號, 濁浪排空；日星隱曜, 山岳潛形；

Ruò fú yín yǔ fēi fēi, lián yuè bù kāi, yīn fēng nù háo, zhuó làng pái kōng；rì xīng yǐn yào, shān yuè qián xíng；

商旅不行, 檣傾楫摧[12]；薄[13]暮冥冥, 虎嘯猿啼.

Shāng lǚ bù xíng, qiáng qīng jí cuī；bó mù míng míng, hǔ xiào yuán tí。

登斯樓也, 則有去國懷鄉, 憂讒畏譏, 滿目蕭然[14], 感極而悲者矣.

Dēng sī lóu yě, zé yǒu qù guó huái xiāng, yōu chán wèi jī, mǎn mù xiāo rán, gǎn jí ér bēi zhě yǐ。

至若[15]春和景明, 波瀾不驚, 上下天光, 一碧萬頃, 沙鷗翔集, 錦鱗[16]游泳；岸芷汀蘭, 郁郁[17]青青.

Zhì ruò chūn hé jǐng míng, bō lán bù jīng, shàng xià tiān guāng, yī bì wàn qǐng, shā ōu xiáng jí, jǐn lín yóu yǒng；àn zhǐ tīng lán, yù yù qīng qīng。

而或長煙一空[18], 皓月千里, 浮光耀金, 靜影沈璧, 漁歌互答, 此樂何極!

Ér huò cháng yān yī kòng, hào yuè qiān lǐ, fú guāng yuè jīn, jìng yǐng chén bì, yú gē hù dá, cǐ lè hé jí!

---

10) 若夫(약부) : ―한 이러한 상황이라면. 문장의 시작부분에서 다음 말을 이끌어내기 위해 사용한다.
11) 霏霏(비비) : 비가 많이 오는 모양.
12) 檣傾楫摧(장경즙최) : 돛대가 기울고 노가 부러지다.
13) 薄(박) : 가까워지다.
14) 蕭然(소연) : 쓸쓸하고 외로운 모양.
15) 至若(지약) : ―한 이와 같은 상황이 되면. 앞 말을 이어서 다른 내용을 언급할 때 사용한다.
16) 錦鱗(금린) : 비단처럼 아름다운 물고기.
17) 郁郁(욱욱) : 향기가 매우 진한 모양.
18) 一空(일공) : 한꺼번에 사라짐.

登斯樓也, 則有心曠神怡[19], 寵辱[20]偕忘, 把酒臨風, 其喜洋洋者矣.

Dēng sī lóu yě, zé yǒu xīn kuàng shén yí, chǒng rǔ xié wàng, bǎ jiǔ lín fēng, qí xǐ yáng yáng zhě yǐ。

嗟夫!予嘗求古仁人之心, 或異二者之爲, 何哉?

Jiē fú! Yǔ cháng qiú gǔ rén rén zhī xīn, huò yì èr zhě zhī wéi, hé zāi?

不以物[21]喜, 不以己悲；居廟堂之高則憂其民, 處[22]江湖之遠則憂其君.

Bù yǐ wù xǐ, bù yǐ jǐ bēi; jū miào táng zhī gāo zé yōu qí mín, chǔ jiāng hú zhī yuǎn zé yōu qí jūn。

是進亦憂, 退亦憂. 然則何時而樂耶?其必曰 "先天下之憂而憂, 後天下之樂而樂" 乎.

Shì jìn yì yōu, tuì yì yōu。Rán zé hé shí ér lè yé? Qí bì yuē "Xiān tiān xià zhī yōu ér yōu, hòu tiān xià zhī lè ér lè" hū。

噫!微斯人, 吾誰與歸?

Yī! Wēi sī rén, wú shéi yǔ guī?

時六年九月十五日.

Shí liù nián jiǔ yuè shí wǔ rì。

---

19) 心曠神怡(심광신이) : 마음이 열리고 정신이 즐거워지다.
20) 寵辱(총욕) : 총애와 모욕.
21) 物(물) : 사물과 상대하는 외재적인 상황이나 환경.
22) 處(처) : 살다, 활동하다.

(1) 현대 한어 번역(汉译)

庆历四年(1044年)春天，滕子京降职到岳州做太守。第二年，政事顺利，百姓和乐，很多长期荒废的事业又重新兴办起来了。还重修了岳阳楼，扩大它旧有的规模，还在上面刻上唐代贤人和当代人的诗，滕子京并嘱咐我写一篇文章用来记述这件事。

我看那巴陵郡的美丽的景色，集中在洞庭湖上。洞庭湖连接着远处的群山，吞吐长江的江水，水波浩荡，宽阔无边。或早或晚(一天里)时阴时晴，景象千变万化。这就是岳阳楼的雄伟景象。前人对它的描述已经很详尽了。然而，因为这里往北面通向巫峡，南面直到潇水、湘水，被降职远调的官吏和南来北往的诗人，大多在这里聚会。(他们)看了自然景物而触发的感情，大概会不同吧?

如果遇上阴雨连绵繁密，有时连着整个月没有晴天，寒风怒吼，浊浪冲天，太阳和星星隐藏了光辉，山岳隐没了形体;商人和旅客无法通行，桅杆倒下，船桨折断;傍晚天色昏暗，虎在长啸，猿在哀啼。(此时)登上岳阳楼，就会产生离开国都，怀念家乡，担心(人家)说坏话，惧怕批评指责的感觉，满眼是萧条的景象，感慨悲伤到极点啊。

至于春风和煦，阳光明媚的日子，湖面风平浪静，天色湖光相接，一片碧绿，广阔无际;沙鸥时而飞翔，时而停歇，美丽的鱼儿在湖中游来游去;湖岸上的小草和沙洲上的兰花，香气浓郁，草木茂盛。而有时大片烟雾完全消散，皎洁的月光一泻千里，(月光照耀下的)水波闪耀着金光;无风时静静的月影好似沉入水中的玉璧，渔夫的歌声一唱一和，这样的乐趣哪有穷尽!(此时)登上岳阳楼，就会有心胸开阔，精神愉悦，忘却荣辱得失，举起酒杯面对和风，喜气洋洋的感觉!

唉!我曾经探求过古时品德高尚的人的思想，或许不同于(以上)两种心情，这是为什么呢?他们不因为外物的好坏和个人的得失而或喜或悲;在朝廷作官的人为百姓担忧;不在朝廷作官的人为君王担忧。这样在朝为官也担忧，在野为民也担忧。 既然这样, 那么, 什么时候才快乐呢?那一定要说“在天下人忧虑之前先忧虑, 在天下人快乐之后再快乐”吧?唉!(如果)没有这种人, 我和谁一起呢?

写于庆历六年九月十五日。

Qìng lì sì nián(1044 nián) chūn tiān, téng zǐ jīng jiàng zhí dào yuè zhōu zuò tài shǒu。Dì èr nián, zhèng shì shùn lì, bǎi xìng hé lè, hěn duō cháng qī huāng fèi de shì yè yòu chóng xīn xīng bàn qǐ lái le。Hái chóng xiū le yuè yáng lóu, kuò dà tā jiù yǒu de guī mó, hái zài shàng miàn kè shàng táng dài xián rén hé dāng dài rén de shī, téng zǐ jīng bìng zhǔ fù wǒ xiě yī piān wén zhāng yòng lái jì shù zhè jiàn shì。

Wǒ kàn nà bā líng jùn de měi lì de jǐng sè, jí zhōng zài dòng tíng hú shàng。Dòng tíng hú lián jiē zhe yuǎn chù de qún shān, tūn tǔ cháng jiāng de jiāng shuǐ, shuǐ bō hào dàng, kuān kuò wú biān。Huò zǎo huò wǎn (yī tiān lǐ) shí yīn shí qíng, jǐng xiàng qiān biàn wàn huà。Zhè jiù shì yuè yáng lóu de xióng wěi jǐng xiàng。Qián rén duì tā de miáo shù yǐ jīng hěn xiáng jìn le。Rán ér, yīn wèi zhè lǐ wǎng běi miàn tōng xiàng wū xiá, nán miàn zhí dào xiāo shuǐ、xiāng shuǐ, bèi jiàng zhí yuǎn diào de guān lì hé nán lái běi wǎng de shī rén, dà duō zài zhè lǐ jù huì。(tā men) kàn le zì rán jǐng wù ér chù fā de gǎn qíng, dà gài huì bù tóng ba?

Rú guǒ yù shàng yīn yǔ lián mián fán mì, yǒu shí lián zhe zhěng ge yuè méi yǒu qíng tiān, hán fēng nù hǒu, zhúo làng chōng tiān, tài yáng hé xīng xīng yǐn cáng le guāng huī, shān yuè yǐn mò le xíng tǐ; shāng rén hé lǚ kè wú fǎ tōng xíng, wéi gān dǎo xià, chuán jiǎng zhé duàn; bàng wǎn tiān sè hūn àn, hǔ zài cháng xiào, yuán zài āi tí。(cǐ shí) dēng shàng yuè yáng lóu, jiù huì chǎn shēng lí kāi gúo dū, huái niàn jiā xiāng, dān xīn(rén jiā) shuō huài huà, jù pà pī píng zhǐ zé de gǎn jué, mǎn yǎn shì xiāo tiáo de jǐng xiàng, gǎn kǎi bēi shāng dào jí diǎn ā。

Zhì yú chūn fēng hé xù, yáng guāng míng mèi de rì zǐ, hú miàn fēng píng làng jìng, tiān sè hú guāng xiāng jiē, yī piàn bì lǜ, guǎng kuò wú jì; shā ōu shí ér fēi xiáng, shí ér tíng xiē, měi lì de yú ér zài hú zhōng yóu lái yóu qù; hú àn shàng de xiǎo cǎo hé shā zhōu shàng de lán huā, xiāng qì nóng yù, cǎo mù mào shèng。ér yǒu shí dà piàn yān wù wán quán xiāo sǎn, jiǎo jié de yuè guāng yī xiè qiān lǐ, (yuè guāng zhào yào xià de) shuǐ bō shǎn yào zhe jīn guāng; wú fēng shí jìng jìng de yuè yǐng hǎo sì chén rù shuǐ zhōng de yù bì, yú fū de gē shēng yī chàng yī hè, zhè yàng de lè qù nǎ yǒu qióng jìn! (cǐ shí) dēng shàng yuè yáng lóu, jiù huì yǒu xīn xiōng kāi kuò, jīng shén yú yuè, wàng què róng rǔ dé shī, jǔ qǐ jiǔ bēi miàn duì hé fēng, xǐ qì yáng yáng de gǎn jué!

Ài! Wǒ céng jīng tàn qiú guò gǔ shí pǐn dé gāo shàng de rén de sī xiǎng, huò xǔ bù tóng yú(yǐ shàng) liǎng zhǒng xīn qíng, zhè shì wèi shén me ne? Tā men bù yīn wèi wài wù de hǎo huài hé gè rén de dé shī ér huò xǐ huò bēi; zài cháo tíng zuò guān de rén wèi bǎi xìng dān yōu; bù zài cháo tíng zuò guān de rén wèi jūn wáng dān yōu。Zhè yàng zài cháo wéi guān yě dān yōu, zài yě wèi mín yě dān yōu。Jì rán zhè yàng, nà me, shén me shí hou cái kuài lè ne? Nà yī dìng yào shuō “Zài tiān xià rén yōu lǜ zhī qián xiān yōu lǜ, zài tiān xià rén kuài lè zhī hòu zài kuài lè" ba? Ài! (rú guǒ) méi yǒu zhè zhǒng rén, wǒ hé shéi yī qǐ ne?

Xiě yú qìng lì liù nián jiǔ yuè shí wǔ rì。

(2) 한국어 스토리텔링(韩语 讲故事)

* 중심어 : 악양태수(岳阳太守) 등자경(滕子京) - 악양루의 경관 - 악양루에서의 슬픔 - 악양루에서의 기쁨 - 고대 품격이 고상한 인물들의 사상

(3) 중국어 스토리텔링(汉语 讲故事)

* 중심어(关键词) : 岳阳太守 滕子京 – 岳阳楼的景象 – 在岳阳楼的悲伤 – 在岳阳楼的快乐 – 古代品德高尚的人的思想

第九章

예려문(瘞旅文)
- 왕수인(王守仁)

瘞旅文

Yì lǚ wén

王守仁[1)]

Wáng shǒu rén

惟正德四年[2)]秋月三日, 有吏目[3)]云自京來者, 不知其名氏, 攜一子一僕, 將之任, 過龍場[4)], 投宿土苗[5)]家.

Wéi zhèng dé sì nián qiū yuè sān rì, yǒu lì mù yún zì jīng lái zhě, bù zhī qí míng shì, xié yī zǐ yī pú, jiāng zhī rèn, guò lóng chǎng, tóu sù tǔ miáo jiā。

1) 명(明)나라 때의 사상가, 철학가, 정치가. 왕양명(王陽明)이란 이름으로 더 잘 알려져 있는데 '양명'은 그의 호.
2) 正德四年(정덕사년): 1509년. 정덕(正德)은 명 무종(武宗) 연호(1506~1521).
3) 吏目(이목): 명대 각 주(州)에는 이목(吏目) 1인 씩을 두어 문서 출납 및 사무를 담당케 하였다.
4) 龍場(용장): 용장역(龍場驛). 현 귀주성 수문현(修文縣).
5) 土苗(토묘): 토착(土着) 묘족(苗族).

予從籬落[6]間望見之, 陰雨昏黑, 欲就問訊北來事, 不果. 明早, 遣人覘[7]之, 已行矣.

Yǔ cóng lí luò jiān wàng jiàn zhī, yīn yǔ hūn hēi, yù jiù wèn xùn běi lái shì, bù guǒ。Míng zǎo, qiǎn rén chān zhī, yǐ xíng yǐ。

薄午[8], 有人自蜈蚣坡來, 云：“一老人死坡下, 傍兩人哭之哀.” 予曰：“此必吏目死矣. 傷哉!”

Bó wǔ, yǒu rén zì wú gōng pō lái, yún：“Yī lǎo rén sǐ pō xià, bàng liǎng rén kū zhī āi。” Yǔ yuē：“Cǐ bì lì mù sǐ yǐ。Shāng zāi!”

薄暮, 復有人來, 云：“坡下死者二人, 傍一人坐哭.” 詢其狀, 則其子又死矣. 明日, 復有人來, 云：“見坡下積屍三焉.” 則其僕又死矣. 嗚呼傷哉!

Bó mù, fù yǒu rén lái, yún：“Pō xià sǐ zhě èr rén, bàng yī rén zuò kū。” Xún qí zhuàng, zé qí zǐ yòu sǐ yǐ。Míng rì, fù yǒu rén lái, yún：“Jiàn pō xià jī shī sān yān。” Zé qí pú yòu sǐ yǐ。Wū hū shāng zāi!

念其暴骨無主, 將[9]二童子持畚[10]、鍤[11]往瘞之, 二童子有難色然.

Niàn qí bào gǔ wú zhǔ, jiāng èr tóng zǐ chí běn、chā wǎng yì zhī, èr tóng zǐ yǒu nán sè rán。

予曰：“嘻!吾與爾猶彼也!” 二童閔然涕下, 請往. 就其傍山麓爲三坎, 埋之.

Yǔ yuē：“Xī! Wú yǔ ěr yóu bǐ yě!” Èr tóng mǐn rán tì xià, qǐng wǎng。Jiù qí bàng shān lù wéi sān kǎn, mái zhī。

---

6) 籬落(이락): (대나무나 나뭇가지로 만든) 울타리.
7) 覘(점): 엿보다.
8) 薄午(박오): 정오 무렵.
9) 將(장): 데리고 오다.
10) 畚(분): 삼태기.
11) 鍤(삽): 삽. 가래.

又以隻雞、飯三盂，嗟籲涕洟[12]而告之，曰：嗚呼傷哉!緊[13]何人?緊何人?吾龍場驛丞餘姚王守仁也.

Yòu yǐ zhī jī、fàn sān yú, jiē yù tì tì ér gào zhī, yuē：Wū hū shāng zāi! Yī hé rén? Yī hé rén? Wú lóng chǎng yì chéng yú yáo wáng shǒu rén yě。

吾與爾皆中土之產，吾不知爾郡邑，爾胡爲乎[14]來爲茲山之鬼乎?古者重去其鄕，遊宦不逾千里. 吾以竄逐[15]而來此，宜也.

Wú yǔ ěr jiē zhōng tǔ zhī chǎn, wú bù zhī ěr jùn yì, ěr hú wéi hū lái wéi zī shān zhī gǔi hū? Gǔ zhě chóng qù qí xiāng, yóu huàn bù yú qiān lǐ。Wú yǐ cuàn zhú ér lái cǐ, yí yě。

爾亦何辜乎?聞爾官吏目耳，俸不能五斗，爾率妻子躬耕可有也. 烏爲乎以五斗而易爾七尺之軀?又不足，而益以爾子與僕乎?嗚呼傷哉!

Ěr yì hé gū hū? Wén ěr guān lì mù ěr, fèng bù néng wǔ dǒu, ěr shuài qī zǐ gōng gēng kě yǒu yě。Wū wéi hū yǐ wǔ dǒu ér yì ěr qī chǐ zhī qū? Yòu bù zú, ér yì yǐ ěr zǐ yǔ pú hū? Wū hū shāng zāi!

爾誠戀茲五斗而來，則宜欣然就道，胡爲乎吾昨望見爾容，蹙然[16]，蓋不任其憂者?

Ěr chéng liàn zī wǔ dǒu ér lái, zé yí xīn rán jiù dào, hú wéi hū wú zúo wàng jiàn ěr róng, cù rán, gài bù rèn qí yōu zhě?

夫衝冒霧露，扳援崖壁，行萬峰之頂，饑渴勞頓，筋骨疲憊，而又瘴癘侵其外，憂鬱攻其中，其能以無死乎?

Fú chōng mào wù lù, bān yuán yá bì, xíng wàn fēng zhī dǐng, jī kě láo dùn, jīn gǔ pí bèi, ér yòu zhàng lì qīn qí wài, yōu yù gōng qí zhōng, qí néng yǐ wú sǐ hū?

---

12) 涕洟(체이): 눈물과 콧물. 여기서는 '훌쩍이다''흐느끼다'는 동사로 쓰임.

13) 緊(예): 발어사. '발어사'란 특별한 의미나 쓰임은 없고 다만 말을 시작하기에 앞서 듣는 이로 하여금 들을 준비를 하도록 운을 떼는 말.

14) 胡爲乎(오위호): 어찌하여. 무엇 때문에.

15) 竄逐(찬축): 추방하다. 배척하다.

16) 蹙然(축연): 표정에 수심이 가득한 모양.

吾固知爾之必死, 然不謂若是其速, 又不謂爾子爾僕亦遽然奄忽[17]也! 皆爾自取, 謂之何哉!

Wú gù zhī ěr zhī bì sǐ, rán bù wèi ruò shì qí sù, yòu bù wèi ěr zǐ ěr pú yì jù rán yǎn hū yě! Jiē ěr zì qǔ, wèi zhī hé zāi!

吾念爾三骨之無依而來瘞爾, 乃使吾有無窮之愴也. 嗚呼傷哉!

Wú niàn ěr sān gǔ zhī wú yī ér lái yì ěr, nǎi shǐ wú yǒu wú qióng zhī chuàng yě。Wū hū shāng zāi!

縱不爾瘞, 幽崖之狐成群, 陰壑之虺[18]如車輪, 亦必能葬爾於腹, 不致久暴露爾.

Zòng bù ěr yì, yōu yá zhī hú chéng qún, yīn hè zhī hǔi rú chē lún, yì bì néng zàng ěr yú fù, bù zhì jiǔ bào lù ěr。

爾既已無知, 然吾何能偉心乎?自吾去父母鄉國[19]而來此, 三年矣, 歷瘴毒而苟能自全, 以吾未嘗一日之戚戚也.

Ěr jì yǐ wú zhī, rán wú hé néng wěi xīn hū? Zì wú qù fù mǔ xiāng gúo ér lái cǐ, sān nián yǐ, lì zhàng dú ér gǒu néng zì quán, yǐ wú wèi cháng yī rì zhī qī qī yě。

今悲傷若此, 是吾爲爾者重, 而自爲者輕也. 吾不宜復爲爾悲矣.

Jīn bēi shāng ruò cǐ, shì wú wéi ěr zhě zhòng, ér zì wéi zhě qīng yě。Wú bù yí fù wéi ěr bēi yǐ。

吾爲爾歌, 爾聽之. 歌曰：連峰際天[20]兮, 飛鳥不通. 遊子懷鄉兮, 莫知西東. 莫知西東兮, 維天則同.

Wú wéi ěr gē, ěr tīng zhī。Gē yuē : lián fēng jì tiān xī, fēi niǎo bù tōng。Yóu zǐ huái xiāng xī, mò zhī xī dōng。Mò zhī xī dōng xī, wéi tiān zé tóng。

---

17) 奄忽(암홀): 몹시 빠르다. 여기서는 '죽음'을 가리킴.
18) 虺(훼): 독사. 살모사.
19) 父母鄉國(부모향국): '고향'을 가리킴.
20) 際天(제천): 하늘에 근접하다.

異域殊方兮，環海之中[21]．達觀隨寓兮，奚必予宮．魂兮魂兮，無悲以恫[22]．

Yì yù shū fāng xī, huán hǎi zhī zhōng。Dá guān suí yù xī, xī bì yǔ gōng。Hún xī hún xī, wú bēi yǐ tōng。

又歌以慰之曰：與爾皆鄉土之離兮，蠻之人言語不相知兮．性命不可期，吾苟死於玆兮，率爾子僕，來從予兮．

Yòu gē yǐ wèi zhī yuē：Yǔ ěr jiē xiāng tǔ zhī lí xī, mán zhī rén yán yǔ bù xiàng zhī xī。Xìng mìng bù kě qī, wú gǒu sǐ yú zī xī, shuài ěr zǐ pú, lái cóng yǔ xī。

吾與爾遨以嬉兮，驂[23]紫彪[24]而乘文螭[25]兮，登望故鄉而噓唏兮．吾苟獲生歸兮，爾子爾僕，尚爾隨兮，無以無侶爲悲兮！

Wú yǔ ěr áo yǐ xī xī, cān zǐ biāo ér chéng wén chī xī, dēng wàng gù xiāng ér xū xī xī。Wú gǒu huò shēng guī xī, ěr zǐ ěr pú, shàng ěr suí xī, wú yǐ wú lǚ wéi bēi xī!

道旁之塚累累兮，多中土之流離兮，相與呼嘯而徘徊兮．餐風飮露，無爾饑兮．朝友麋鹿，暮猿與棲兮．爾安爾居兮，無爲厲[26]於玆墟[27]兮！

Dào páng zhī zhǒng lèi lèi xī, duō zhōng tǔ zhī liú lí xī, xiàng yǔ hū xiào ér pái huái xī。Cān fēng yǐn lù, wú ěr jī xī。Zhāo yǒu mí lù, mù yuán yǔ qī xī。Ěr ān ěr jū xī, wú wéi lì yú zī xū xī!

---

21) 環海之中(환해지중): 중국 내.
22) 恫(동): 겁먹다. 두려워하다. 애통하다.
23) 驂(참): 세 필의 말이 끄는 수레. 여기서는 수레를 몰다. 부리다는 뜻.
24) 彪(표): 새끼 호랑이.
25) 文螭(문리) 무늬가 있는 교룡(蛟龍).
26) 厲(려): 악귀. 죽은 사람.
27) 墟(허): 촌락.

(1) 현대 한어 번역(汉译)

正德四年八月三日，有位据称是从北京城来的吏目，不知道他姓名；带了一个孩子、一个仆人要前去上任，路过龙场这个地方，投宿在当地苗人的家里。 我从篱芭间看到他们，那时正下着阴阴的细雨、光线昏暗，我本想往前去问问他们从北方来的种种事情，结果没去成。 隔天早上，派人过去看看他们，却已走了。

将近中午，有人从蜈崧坡过来，说：「有一名老人死在山坡底下，旁边有两个人哭得很哀伤。」我说：「这一定是那个吏目死了，真让人难过啊!」到了傍晚，又有人来说：「山坡底下死了两个人，旁边坐着一个人在那里哀叹。」问问那个情况，则吏目的孩子又死了。 第三天，又有人来说：「看到山坡底下堆积了三具尸体。」知道是吏目的仆人又死了。 唉呀唉!真叫人悲伤!

我顾念到他们的尸骨暴露野外、没人收埋，於是领着两个小仆人拿着畚箕、铁锹前往埋葬他们，两个小仆人面有难色，我说：「唉!我和你们的处境就像他们哪!」两个小仆人听完后就哀怜地掉下眼泪，请求前往。 我就在那尸骨旁边的山脚下挖了三个洞，埋葬他们。 又准备了一只鸡、三碗饭来当祭品边长叹边掉泪地祭告说：唉一唉，真是悲伤啊!你是谁呀?你是谁?我是龙场驿丞余姚王守仁啊。 我和你都是出生在中原本土的人，我不知道你是那一府、那一县的人，你为什麼要来这山上做鬼魂呢?古人不轻易离开自已的家乡，出外做官也不会超过千里之远。 我因为被贬逐到这儿来，是应该的；你又犯了什麼罪过呢?听说你的官职，不过是一名吏目罢了，俸禄还不到五斗来，你带着你的妻儿亲自耕种就可以获得了，为什麼要用这五斗米来换你身长七尺的一条命呢?这还不够，又加上你儿子和仆人的生命呢? 唉呀唉，真是悲伤啊!

你如果真的贪恋这五斗米而来的话，那就应该快快乐乐地上路才对呀；为什麼昨天我看到你的时候，却满脸愁容、不堪其忧的样子?冲着雾气、冒着露水，攀援高崖、峭壁，走在层层的峰顶上面，水饥渴又劳苦，筋骨疲惫不堪，加上瘴疠毒气从外侵袭，忧郁哀情自内攻击，又怎能不死呢?我本来就知道你一定会死掉的，却没想到死得这麼快；更没料到你的儿子、你的仆人，也这麼快就死掉了!这些都是你自己招来的，还有什麼好说呢?我想到你们三具尸骨无依无靠而前来埋葬你们，却使我有着无穷无尽的悲怆啊!唉呀唉，真悲伤啊!

既使我不埋葬你们，深崖里的狐狸成群，阴谷中的毒蛇大如车轮，也一定能够把你们吞葬在他们的肚子里面，不至於让你们长久曝露在外面。虽然你们已经没有知觉了，可是我的良心又怎麼过意得去呢?自从我离开父母、家乡而来到这儿，已经二年了；经受瘴疠毒气而还能侥幸地保全自己，这是因为我一天也不曾忧愁、恐惧啊。今天我竟然如此悲伤，是为你着想的多，而替自己设想的少；我不应该再为你悲伤了!

我来为你们唱首歌，请你们听听吧!唱道：连绵的山峰与天接近啊，鸟儿也飞不过去了。游子怀念着家乡啊，难以分辨西或东。难以分辨西或东啊，只有苍天是一样的。身处在他乡异地啊，也总是在这四海之内。随遇而安、看开一切啊，何必非要住在自己家里呢。鬼魂哪～鬼魂哪，你就不要再悲伤、不要再哀痛了!

又唱歌安慰他们说：我和你们都一样是远离家乡的人，蛮人的语言谁也听不懂，是死是活都难以预料!如果我死在这个地方的话，你就带着你的儿子和仆人，前来跟从我吧!我和你们一同到处遨游、到处嬉戏，驾着紫色小老虎、乘着彩色的龙螭，登上高处、眺望故乡而悲泣、而抽咽。如果我能够活着回去，你的儿子、你的仆人仍与你相随。道旁的坟墓重重叠叠他们大多是从中原流离到这儿的人。你可以和他们相互招呼，叫啸流连!餐着风饮着露，不会让你们挨饿的。从早到晚，可以和麋鹿做朋友，可以和猿猴共同栖息。你就安心地住下去吧!不要在这个地方做恶鬼来害人。

Zhèng dé sì nián bā yuè sān rì, yǒu wèi jù chēng shì cóng běi jīng chéng lái de lì mù, bù zhī dào tā xìng míng；dài le yī ge hái zi、yī ge pú rén yào qián qù shàng rèn, lù guò lóng chǎng zhè ge dì fang, tóu sù zài dāng dì miáo rén de jiā li。Wǒ cóng lí bā jiān kàn dào tā men, nà shí zhèng xià zhe yīn yīn de xì yǔ、guāng xiàn hūn àn, wǒ běn xiǎng wǎng qián qù wèn wèn tā men cóng běi fāng lái de zhǒng zhǒng shì qíng, jiē guǒ méi qù chéng。Gé tiān zǎo shàng, pài rén guò qù kàn kan tā men, què yǐ zǒu le。

Jiāng jìn zhōng wǔ, yǒu rén cóng wú sōng pō guò lái, shuō : 「Yǒu yī míng lǎo rén sǐ zài shān pō dǐ xià, páng biān yǒu liǎng ge rén kū de hěn āi shāng。」 Wǒ shuō : 「Zhè yī dìng shì nà ge lì mù sǐ le, zhēn ràng rén nán guò ā!」 Dào le bàng wǎn, yòu yǒu rén lái shuō : 「Shān pō dǐ xià sǐ le liǎng ge rén, páng biān zuò zhe yī ge rén zài nà li āi tàn。」 Wèn wèn nà ge qíng kuàng, zé lì mù de hái zi yòu sǐ le。 Dì sān tiān, yòu yǒu rén lái shuō : 「Kàn dào shān pō dǐ xià duī jī le sān jù shī tǐ。」 Zhī dào shì lì mù de pú rén yòu sǐ le。 Āi ya āi! Zhēn jiào rén bēi shāng!

Wǒ gù niàn dào tā men de shī gǔ bào lù yě wài、méi rén shōu mái, yú shì lǐng zhe liǎng ge xiǎo pú rén ná zhe běn jī、tiě qiāo qián wǎng mái zàng tā men, liǎng ge xiǎo pú rén miàn yǒu nán sè, wǒ shuō : 「āi! Wǒ hé nǐ men de chǔ jìng jiù xiàng tā men na!」 Liǎng ge xiǎo pú rén tīng wán hòu jiù āi lián de diào xià yǎn lèi, qǐng qiú qián wǎng。 Wǒ jiù zài nà shī gǔ páng biān de shān jiǎo xià wā le sān ge dòng, mái zàng tā men。 Yòu zhǔn bèi le yī zhǐ jī、sān wǎn fàn lái dāng jì pǐn biān cháng tàn biān diào lèi de jì gào shuō : āi yī āi, zhēn shì bēi shāng ā! Nǐ shì shéi ya? Nǐ shì shéi? Wǒ shì lóng chǎng yì chéng yú yáo wáng shǒu rén ā。 Wǒ hé nǐ dōu shì chū shēng zài zhōng yuán běn tǔ de rén, wǒ bù zhī dào nǐ shì nà yī fǔ、nà yī xiàn de rén, nǐ wéi shén me yào lái zhè shān shàng zuò gǔi hún ne? Gǔ rén bù qīng yì lí kāi zì jǐ de jiā xiāng, chū wài zuò guān yě bù huì chāo guò qiān lǐ zhī yuǎn。 Wǒ yīn wèi bèi biǎn zhú dào zhèr lái, shì yīng gāi de ; nǐ yòu fàn le shén me zuì guò ne? Tīng shuō nǐ de guān zhí, bù guò shì yī míng lì mù bà le, fèng lù hái bù dào wǔ dǒu lái, nǐ dài zhe nǐ de qī ér qīn zì gēng zhòng jiù kě yǐ huò dé le, wéi shén me yào yòng zhè wǔ dǒu mǐ lái huàn nǐ shēn cháng qī chǐ de yī tiáo mìng ne? Zhè hái bù gòu, yòu jiā shàng nǐ ér zi hé pú rén de shēng mìng ne? āi ya āi, zhēn shì bēi shāng ā!

Nǐ rú guǒ zhēn de tān liàn zhè wǔ dǒu mǐ ér lái de huà, nà jiù yīng gāi kuài kuài lè lè de shàng lù cái duì ya ; wéi shén me zúo tiān wǒ kàn dào nǐ de shí hou, què mǎn liǎn chóu róng、bù kān qí yōu de yàng zi? Chōng zhe wù qì、mào zhe lù shuǐ, pān yuán gāo yá、qiào bì, zǒu zài céng céng de fēng dǐng shàng miàn, shuǐ jī kě yòu láo kǔ, jīn gǔ pí bèi bù kān, jiā shàng zhàng lì dú qì cóng wài qīn xí, yōu yù āi qíng zì nèi gōng jī, yòu zěn néng bù sǐ ne? Wǒ běn lái jiù zhī dào nǐ yī dìng huì sǐ diào de, què méi xiǎng dào sǐ dé zhè me kuài ; gēng méi liào dào nǐ de ér zi、nǐ de pú rén, yě zhè me kuài jiù sǐ diào le! Zhè xiē dōu shì nǐ zì jǐ zhāo lái de, hái yǒu shén me hǎo shuō ne? Wǒ xiǎng dào nǐ men sān jù shī gǔ wú yī wú kào ér qián lái mái zàng nǐ men, què shǐ wǒ yǒu zhe wú qióng wú jìn de bēi chuàng ā! āi ya āi, zhēn bēi shāng ā!

Jì shǐ wǒ bù mái zàng nǐ men, shēn yá lǐ de hú lí chéng qún, yīn gǔ zhōng de dú shé dà rú chē lún, yě yī dìng néng gòu bǎ nǐ men tūn zàng zài tā men de dù zi lǐ miàn, bù zhì yú ràng nǐ men cháng jiǔ bào lù zài wài mian。 suī rán nǐ men yǐ jīng méi yǒu zhī jué le, kě shì wǒ de liáng xīn yòu zěn me guò yì de qù ne? Zì cóng wǒ lí kāi fù mǔ、jiā xiāng ér lái dào zhèr, yǐ jīng èr nián le ; jīng shòu zhàng lì dú qì ér hái néng jiǎo xìng de bǎo quán zì jǐ, zhè shì yīn wèi wǒ yī tiān yě bù céng yōu chóu、kǒng jù ā。 Jīn tiān wǒ jìng rán rú cǐ bēi shāng, shì wèi nǐ zhúo xiǎng de duō, ér tì zì jǐ shè xiǎng de shǎo ; wǒ bù yīng gāi zài wèi nǐ bēi shāng le!

Wǒ lái wèi nǐ men chàng shǒu gē, qǐng nǐ men tīng tīng ba! Chàng dào : Lián mián de shān fēng yǔ tiān jiē jìn ā, niǎor yě fēi bù guò qù le。 Yóu zi huái niàn zhe jiā xiāng ā, nán yǐ fēn biàn xī huò dōng。 Nán yǐ fēn biàn xī huò dōng ā, zhǐ yǒu cāng tiān shì yī yàng de。 Shēn chǔ zài tā xiāng yì dì ā, yě zǒng shì zài zhè sì hǎi zhī nèi。Suí yù ér ān、kàn kāi yī qiè ā, hé bì fēi yào zhù zài zì jǐ jiā lǐ ne。Gǔi hún na~ gǔi hún na, nǐ jiù bù yào zài bēi shāng、bù yào zài āi tòng le!

Yòu chàng gē ān wèi tā men shuō： Wǒ hé nǐ men dōu yī yàng shì yuǎn lí jiā xiāng de rén, mán rén de yǔ yán shéi yě tīng bù dǒng, shì sǐ shì húo dōu nán yǐ yù liào! Rú guǒ wǒ sǐ zài zhè ge dì fang de huà, nǐ jiù dài zhe nǐ de ér zi hé pú rén, qián lái gēn cóng wǒ ba! Wǒ hé nǐ men yī tóng dào chù áo yóu、dào chù xī xì, jià zhe zǐ sè xiǎo lǎo hǔ、chéng zhe cǎi sè de lóng chī, dēng shàng gāo chù、tiào wàng gù xiāng ér bēi qì、ér chōu yè。Rú guǒ wǒ néng gòu húo zhe huí qù, nǐ de ér zi、nǐ de pú rén réng yǔ nǐ xiāng suí。Dào páng de fén mù chóng chóng dié dié tā men dà duō shì cóng zhōng yuán liú lí dào zhèr de rén。Nǐ kě yǐ hé tā men xiāng hù zhāo hū, jiào xiào liú lián! Cān zhe fēng yǐn zhe lù, bù huì ràng nǐ men ái è de。Cóng zǎo dào wǎn, kě yǐ hé mí lù zuò péng you, kě yǐ hé yuán hóu gòng tóng qī xī。Nǐ jiù ān xīn de zhù xià qù ba! Bù yào zài zhè ge dì fang zuò è gǔi lái hài rén。

(2) 한국어 스토리텔링(韩语 讲故事)

* 명문장 : 끊임없이 이어지는 산봉우리는 하늘에 닿을 듯 높아 나는 새도 넘을 수 없고, 고향을 그리는 나그네는 동쪽과 서쪽을 알지 못하네.

(3) 중국어 스토리텔링(汉语 讲故事)

* 명문장(名句) : 连峰天际兮, 飞鸟不通. 游子怀乡兮, 莫知西东.

第十章

항척헌지(項脊軒志) - 귀유광(歸有光)

項脊軒志

Xiàng jǐ xuān zhì

歸有光(1506-1571)[1)]

Guī yǒu guāng

項脊軒[2)], 舊南閣子[3)]也. 室僅方丈, 可容一人居.

Xiàng jǐ xuān, jiù nán gé zǐ yě。 Shì jǐn fāng zhàng, kě róng yī rén jū。

百年老屋, 塵泥滲漉[4)], 雨澤下注；每移案[5)], 顧視無可置者.

Bǎi nián lǎo wū, chén ní shèn lù, yǔ zé xià zhù；měi yí àn, gù shì wú kě zhì zhě。

1) 귀유광은 명대 말기의 저명한 문장가이다.
2) 項脊軒(항척헌) : 귀유광의 서재 이름.
3) 閣子(각자) : 본채에 따린 작은 별실.
4) 滲漉(삼록) : 작은 틈으로 천천히 스며들다.
5) 案(안) : 책상.

又北向, 不能得日, 日過午已昏. 余稍爲修葺[6], 使不上漏. 前辟四窓, 垣墻[7]周庭, 以當[8]南日, 日影反照, 室始洞然[9].

Yòu běi xiàng, bù néng dé rì, rì guò wǔ yǐ hūn。Yú shāo wéi xiū qì, shǐ bù shàng lòu。Qián pì sì chuāng, yuán qiáng zhōu tíng, yǐ dāng nán rì, rì yǐng fǎn zhào, shì shǐ dòng rán。

又雜植蘭桂竹木於庭, 舊時欄楯[10], 亦遂增勝. 借書滿架, 偃仰[11]嘯歌, 冥然兀坐[12], 萬籟[13]有聲.

Yòu zá zhí lán guì zhú mù yú tíng, jiù shí lán shǔn, yì suí zēng shèng。Jiè shū mǎn jià, yǎn yǎng xiào gē, míng rán wū zuò, wàn lài yǒu shēng。

而庭階寂寂, 小鳥時來啄[14]食, 人至不去. 三五之夜, 明月半墻, 桂影斑駁[15], 風移影動, 珊珊[16]可愛.

Ér tíng jiē jì jì, xiǎo niǎo shí lái zhuó shí, rén zhì bù qù。Sān wǔ zhī yè, míng yuè bàn qiáng, guì yǐng bān bó, fēng yí yǐng dòng, shān shān kě ài。

然予居於此, 多可喜, 亦多可悲. 先是, 庭中通南北爲一. 迨[17]諸父異爨[18], 內外多置小門, 墻往往而是.

Rán yǔ jū yú cǐ, duō kě xǐ, yì duō kě bēi。Xiān shì, tíng zhōng tōng nán běi wéi yī。Dài zhū fù yì cuàn cuàn, nèi wài duō zhì xiǎo mén, qiáng wǎng wǎng ér shì。

東犬西吠[19], 客逾庖而宴, 鷄棲於廳. 庭中始爲籬, 已爲墻, 凡再變矣. 家

6) 修葺(수집) : 지붕이 새지 않게 수리하다.
7) 垣墻(원장) : 담장.
8) 當(당) : 막다. 가로막다.
9) 洞然(동연) : 빛이 통하여 환한 모양.
10) 欄楯(난순) : 난간.
11) 偃仰(언앙) : 누었다 일어났다하다.
12) 兀坐(올좌) : 단정히 앉다.
13) 籟(뢰) : 소리. 울림.
14) 啄(탁) : 쪼다. 먹다.
15) 斑駁(반박) : 뒤섞여 얼룩얼룩하다.
16) 珊珊(산산) : 나긋나긋하게 흔들리는 모양. 하늘하늘 천천히 흔들리는 모양.
17) 迨(태) : —에 이르다.
18) 爨(찬) : 밥을 짓다. 취사하다.
19) 吠(폐) : 짖다.

有老嫗[20], 嘗居於此.

Dōng quǎn xī fèi, kè yú páo ér yàn, jī qī yú tīng。Tíng zhōng shǐ wèi lí, yǐ wèi qiáng, fán zài biàn yǐ。Jiā yǒu lǎo yù, cháng jū yú cǐ。

嫗, 先大母[21]婢也, 乳二世, 先妣[22]撫之甚厚. 室西連於中閨, 先妣嘗一至.

Yù, xiān dà mǔ bì yě, rǔ èr shì, xiān bǐ fǔ zhī shèn hòu。Shì xī lián yú zhōng guī, xiān bǐ cháng yī zhì。

嫗每謂余曰："某所, 而[23]母立于兹." 嫗又曰："汝姊在吾懷, 呱呱[24]而泣；娘以指叩門扉曰：'兒寒乎? 欲食乎?' 吾從板外相爲應答." 語未畢, 余泣, 嫗亦泣.

Yù měi wèi yú yuē ："Mǒu suǒ, ér mǔ lì yú zī。" Yù yòu yuē ："Rǔ zǐ zài wú huái, gū gū ér qì ；niáng yǐ zhǐ kòu mén fēi yuē ：'Ér hán hū? Yù shí hū?' Wú cóng bǎn wài xiāng wéi yīng dá。" Yǔ wèi bì, yú qì, yù yì qì。

余自束髮[25], 讀書軒中, 一日, 大母過余曰："吾兒, 久不見若影, 何竟日默默在此, 大類[26]女郎也?"

Yú zì shù fà, dú shū xuān zhōng, yī rì, dà mǔ guò yú yuē ："Wú ér, jiǔ bù jiàn ruò yǐng, hé jìng rì mò mò zài cǐ, dà lèi nǚ láng yě?"

比[27]去, 以手闔[28]門, 自語曰："吾家讀書久不效, 兒之成, 則可待乎!"

Bǐ qù, yǐ shǒu hé mén, zì yǔ yuē："Wú jiā dú shū jiǔ bù xiào, ér zhī chéng, zé kě dài hū!"

---

20) 老嫗(노구) : 할미. 늙은 여인.
21) 先大母(선대모) : 돌아가신 할머니.
22) 先妣(선비) : 돌아가신 어머니.
23) 而(이) : 너. 당신.
24) 呱呱(고고) : 앵앵. 아기가 우는 소리.
25) 束髮(속발) : 예전에 남자아이는 15살 성년이 되면 머리를 묶었다.
26) 類(류) : 마치 — 같다.
27) 比(비) : —할 때가 되다.
28) 闔(합) : 문을 닫다.

頃之[29], 持一象笏[30] 至, 曰： "此吾祖太常公宣德[31]間執此以朝[32], 他日汝當用之!" 瞻顧遺迹, 如在昨日, 令人長號不自禁.

Qǐng zhī, chí yī xiàng hù zhì, yuē ："Cǐ wú zǔ tài cháng gōng xuān dé jiān zhí cǐ yǐ cháo, tā rì rǔ dāng yòng zhī!" Zhān gù yí jì, rú zài zuó rì, lìng rén zhǎng hào bù zì jìn。

軒東, 故嘗爲廚, 人往, 從軒前過. 余扃牖[33]而居, 久之, 能以足音辨人. 軒凡四遭火, 得不焚, 殆[34]有神護者.

Xuān dōng, gù cháng wéi chú, rén wǎng, cóng xuān qián guò。Yú jiōng yǒu ér jū, jiǔ zhī, néng yǐ zú yīn biàn rén。Xuān fán sì zāo huǒ, dé bù fén, dài yǒu shén hù zhě。

項脊生曰： "蜀清守丹穴[35], 利甲天下, 其後秦皇帝築女懷清臺[36]；刘玄德與曹操爭天下, 諸葛孔明起隴中.

Xiàng jǐ shēng yuē："Shǔ qīng shǒu dān xué, lì jiǎ tiān xià, qí hòu qín huáng dì zhù nǚ huái qīng tái；Liú xuán dé yǔ Cáo cāo zhēng tiān xià, Zhū gě kǒng míng qǐ lǒng zhōng。

方二人之昧昧[37]於一隅也, 世何足以知之, 余區區[38]處敗屋中, 方揚眉瞬目[39], 謂有奇景. 人知之者, 其謂與坎井之蛙[40]何異?"

Fāng èr rén zhī mèi mèi yú yī yú yě, shì hé zú yǐ zhī zhī, yú qū qū chù bài wū zhōng, fāng yáng méi shùn mù, wèi yǒu qí jǐng。Rén zhī zhī zhě, qí wèi yǔ kǎn jǐng zhī wā hé yì?"

---

29) 頃之(경지) : 곧. 오래되지 않아.
30) 象笏(상홀) : 상아로 만든 홀. 홀이란 예전에 신하가 임금을 만날 때 손에 들던 상아나 나무패를 가리킨다.
31) 宣德(선덕) : 명나라 선종(宣宗) 시기의 연호.
32) 朝(조) : 임금을 알현하다.
33) 扃牖(경유) : 창문을 닫다.
34) 殆(태) : 위태롭다. 대략, 아마도.
35) 蜀清守丹穴(촉청수단혈) : 촉(蜀)지역의 과부인 청(清)은 단사(丹砂)의 탄광을 가지고 있어서 부유했다.
36) 女懷清臺(여회청대) : 진시황은 청(清)을 열녀로 받들어 이 누대를 지었다.
37) 昧昧(매매) : 어둡다. 알려지지 않다.
38) 區區(구구) : 작다. 미미하다.
39) 揚眉瞬目(양미순목) : 눈썹을 치세우고 눈을 깜박이다. 즉 의기양양하다.
40) 坎井之蛙(감정지와) : 우물 안 개구리.

余旣爲此志, 後五年, 吾妻來歸, 時之軒中, 從余問古事, 或憑几學書.

Yú jì wéi cǐ zhì, hòu wǔ nián, wú qī lái guī, shí zhì xuān zhōng, cóng yú wèn gǔ shì, huò píng jǐ xué shū。

吾妻歸寧[41], 述諸小妹語曰： “聞姊家有閣子, 且何謂閣子也?”

Wú qī guī níng, shù zhū xiǎo mèi yǔ yuē：“Wén zǐ jiā yǒu gé zǐ, qiě hé wèi gé zǐ yě?”

其後六年, 吾妻死, 室懷不修. 其後二年, 余久卧病無聊, 乃使人復葺南閣子, 其制[42]稍異於前. 然自後余多在外, 不常居.

Qí hòu liù nián, wú qī sǐ, shì huái bù xiū。Qí hòu èr nián, yú jiǔ wò bìng wú liáo, nǎi shǐ rén fù qì nán gé zǐ, qí zhì shāo yì yú qián。Rán zì hòu yú duō zài wài, bù cháng jū。

庭有枇杷樹, 吾妻死之年所手植也, 今已亭亭[43]如蓋矣.

Tíng yǒu pí pá shù, wú qī sǐ zhī nián suǒ shǒu zhí yě, jīn yǐ tíng tíng rú gài yǐ。

(1) 현대 한어 번역(汉译)

项脊轩, 就是原来的南阁子。 室内面积仅一丈见方, 可容一人居住。 由于是一间有百年历史的老房子, 灰尘与泥土常从屋顶上漏下来, 特别是下雨时, 雨水往下直灌；每次移动桌子, 看来看去没有可安置的地方。 又加上屋门朝北开, 不能直接受到阳光的照射, 一过中午, 太阳偏了, 屋里就暗了下来。 我稍微给它加以修补, 使上面不再漏雨、落灰。 室前新开四扇窗户, 院子四周砌上围墙, 用来挡住南边射来的阳光, 经日光反照, 屋子里才明亮起来。 在庭前我又种上兰花、桂树、竹子等, 往日的栏杆, 也就增加了新的光彩。 借来的图书堆满了书架, 我在这里生活悠然自得, 有时长啸或吟唱, 有时

41) 歸寧(귀녕) : 아내가 친정부모에게 가서 문안하는 일.
42) 制(제) : 규모.
43) 亭亭(정정) : 우뚝 솟은 모양.

静悄悄地独自坐着，自然界的声响都能清晰地听到；庭前、阶下却异常寂静，小鸟不时飞下来啄食，人到它面前也不离开。在农历每月十五日的夜晚，明月高悬，照在墙上。月光下，庭中桂树的影子疏疏密密，微风吹来，花影摇动，美丽可爱。

可是我在这里居住，喜悦的感受多，悲怆的感受也很多。在这以前，院子南北相通，是一个整体。等到伯父叔父们分家以后，室内外小门多了，隔墙到处都是。东家的狗对着西家叫，客人得越过邻居厨房去吃饭，鸡在厅堂内栖宿。庭中开始用篱笆隔开，后来又用墙隔离，总共变动了两次。家里有一个老婆婆，曾经在这里居住过。这位老婆婆，是侍候我死去的祖母的仆人，在我家曾做过两代人的乳母，母亲在世时待她很好。轩的西边和内室相连，母亲曾经到轩中来。老婆婆时常对我说："这地方，你母亲曾经站在这儿。"老婆婆还说："你姐姐小时候，我抱在怀中，她孤弧地哭着；你母亲听见了就用手指轻敲着房门说：'孩子冷吗?想吃东西了么?'我在门外一一向你母亲作回答。"老婆婆的话没有说完，我感动得哭了，老婆婆也流下激动的眼泪。我从十五岁起，就在轩中读书。一天，祖母来看我，她说："我的孩子，好长时间没看到你的影子。为什么整天默默地在这里，真像个女孩子了?"临走时，她用手轻轻地掩上轩门，自言自语地说："我家的人长期以来读书没有得到功名，这孩子取得成就，就可以等待了呀!"不一会儿，又拿了一个象笏到轩里来，说："这是我祖父太常公在宣德年间拿着去朝见皇帝用的，日后你应当用到它!"回忆旧日的这些事，好像昨天刚发生，真叫人长声悲号不已啊!

项脊轩的东边以前曾经做过厨房，人们到厨房去，必须从轩前经过。我关着窗子住在里面，时间长了，能根据外面人们走路的脚步声辨别是谁。项脊轩共遭过四次火灾，竟然没有焚毁，大概是有神保护的缘故吧. 项脊生说：巴蜀地方有个名叫清的寡妇，她继承了丈夫留下的朱砂矿，采矿获利为天下第一，后来秦始皇筑"女怀清台"纪念她。刘备与曹操争夺天下，诸葛亮由务农出而建立勋业。当这两个人还待在不为人所知的偏僻角落时，世人又怎么能知道他们呢?我今天居住在这破旧的小屋里，却自得其乐，以为有奇景异致。如果有知道我这种境遇的人，恐怕会把我看作目光短浅的井底之蛙吧!

我已经作了上面这篇志，过了五年，我的妻子嫁到我家来，她时常到轩中，向我问及一些历史故事，有时靠着桌子学写字。妻子回娘家去省亲，回来以后转述她的小妹妹们的话说："听说姐姐家里有阁子，那么什么叫阁子呢?"以后过了六年，我的妻子去世，项脊轩逐渐破败，也不修理。此后又过了两年，我卧病在床，无聊之际，才派人再次修缮南阁子。那形式和以前稍有不同。然而此后我长期在外，不常回到轩中居住。

庭前有一棵枇杷树，是我妻子去世的那一年种下的，今天已经矗立着，枝叶繁盛，像一把撑开的大伞一样了。

Xiàng jǐ xuān, jiù shì yuán lái de nán gé zǐ。Shì nèi miàn jī jǐn yī zhàng jiàn fāng, kě róng yī rén jū zhù。Yóu yú shì yī jiān yǒu bǎi nián lì shǐ de lǎo fáng zǐ, huī chén yǔ ní tǔ cháng cóng wū dǐng shàng lòu xià lái, tè bié shì xià yǔ shí, yǔ shuǐ wǎng xià zhí guàn； měi cì yí dòng zhuō zi, kàn lái kàn qù méi yǒu kě ān zhì de dì fang。Yòu jiā shàng wū mén cháo běi kāi, bù néng zhí jiē shòu dào yáng guāng de zhào shè, yī guò zhōng wǔ, tài yáng piān le, wū lǐ jiù àn le xià lái。Wǒ shāo wēi gěi tā jiā yǐ xiū bǔ, shǐ shàng miàn bù zài lòu yǔ、luò huī。Shì qián xīn kāi sì shàn chuāng hù, yuàn zi sì zhōu qì shang wéi qiáng, yòng lái dǎng zhù nán bian shè lái de yáng guāng, jīng rì guāng fǎn zhào, wū zi lǐ cái míng liàng qǐ lái。Zài tíng qián wǒ yòu zhòng shang lán huā、guì shù、zhú zi děng, wǎng rì de lán gān, yě jiù zēng jiā le xīn de guāng cǎi。Jiè lái de tú shū duī mǎn le shū jià, wǒ zài zhè lǐ shēng húo yōu rán zì dé, yǒu shí cháng xiào huò yín chàng, yǒu shí jìng qiāo qiāo de dú zì zuò zhe, zì rán jiè de shēng xiǎng dōu néng qīng xī de tīng dào； tíng qián、jiē xià què yì cháng jì jìng, xiǎo niǎo bù shí fēi xià lái zhúo shí, rén dào tā miàn qián yě bù lí kāi。Zài nóng lì měi yuè shí wǔ rì de yè wǎn, míng yuè gāo xuán, zhào zài qiáng shàng。Yuè guāng xià, tíng zhōng guì shù de yǐng zǐ shū shū mì mì, wēi fēng chuī lái, huā yǐng yáo dòng, měi lì kě ài。

Kě shì wǒ zài zhè lǐ jū zhù, xǐ yuè de gǎn shòu yě hěn duō, bēi chuàng de gǎn shòu yě hěn duō。Zài zhè yǐ qián, yuàn zi nán běi xiāng tōng, shì yī ge zhěng tǐ。Děng dào bó fù shū fù men fēn jiā yǐ hòu, shì nèi wài xiǎo mén duō le, gé qiáng dào chù dōu shì。Dōng jiā de gǒu duì zhe xī jiā jiào, kè rén děi yuè guò lín jū chú fáng qù chī fàn, jī zài tīng táng nèi qī sù。Tíng zhōng kāi shǐ yòng lí bā gé kāi, hòu lái yòu yòng qiáng gé lí, zǒng gòng biàn dòng le liǎng cì。Jiā lǐ yǒu yī ge lǎo pó pó, céng jīng zài zhè lǐ jū zhù guò。Zhè wèi lǎo pó pó, shì shì hòu wǒ sǐ qù de zǔ mǔ de pú rén, zài wǒ jiā céng zuò guò liǎng dài rén de rǔ mǔ, mǔ qīn zài shì shí dài tā hěn hǎo。Xuān de xī bian hé nèi shì xiàng lián, mǔ qīn céng jīng dào xuān zhōng lái。Lǎo pó pó shí cháng duì wǒ shuō："Zhè dì fang, nǐ mǔ qīn céng jīng zhàn zài zhèr。" Lǎo pó pó hái shuō：“Nǐ jiě jiě xiǎo shí hou, wǒ bào zài huái zhōng, tā gū hú de kū zhe； nǐ mǔ qīn tīng jiàn le jiù yòng shǒu zhǐ qīng qiāo zhe fáng mén shuō：‘Hái zi lěng ma? Xiǎng chī dōng xī le me?’ Wǒ zài mén wài – yī xiàng nǐ mǔ qīn zuò huí dá。” Lǎo pó pó de huà méi yǒu shuō wán, wǒ gǎn dòng dé kū le, lǎo pó pó yě liú xià jī dòng de yǎn lèi。Wǒ cóng shí wǔ suì qǐ, jiù zài xuān zhōng dú shū。Yī tiān, zǔ mǔ lái kàn wǒ, tā shuō：“Wǒ de hái zi, hǎo cháng shí jiān méi kàn dào nǐ de yǐng zi。Wèi shén me zhěng tiān mò mò de zài zhè lǐ, zhēn xiàng ge nǚ hái zi le?” Lín zǒu shí, tā yòng shǒu qīng qīng de yǎn shàng xuān mén, zì yán zì yǔ de shuō：“Wǒ jiā de rén cháng qī yǐ lái dú shū méi yǒu dé dào gōng míng, zhè hái zi qǔ dé chéng jiù, jiù kě yǐ děng dài le ya!” Bù yī huìr, yòu ná le yī ge xiàng hù dào xuān lǐ lái, shuō：“Zhè shì wǒ zǔ fù tài cháng gōng zài xuān dé nián jiān ná zhe qù cháo jiàn huáng dì yòng de, rì hòu nǐ yīng dāng yòng dào tā!” Huí yì jiù rì de zhè xiē shì, hǎo xiàng zúo tiān gāng fā shēng, zhēn jiào rén cháng shēng bēi hào bù yǐ ā!

Xiàng jǐ xuān de dōng bian yǐ qián céng jīng zuò guò chú fáng, rén men dào chú fáng qù, bì xū cóng xuān qián jīng guò。Wǒ guān zhe chuāng zi zhù zài lǐ miàn, shí jiān cháng le, néng gēn jù wài miàn rén men zǒu lù de jiǎo bù shēng biàn bié shì shéi。Xiàng jǐ xuān gòng zāo guò sì cì huǒ zāi, jìng rán méi yǒu fén hǔi, dà gài shì yǒu shén bǎo hù de yuán gù ba. Xiàng jǐ shēng shuō： bā shǔ dì fang yǒu ge míng jiào qīng de guǎ fù, tā jì chéng le zhàng fu liú xià de zhū shā kuàng, cǎi kuàng huò lì wéi tiān xià dì yī, hòu lái qín shǐ huáng zhù“ nǚ huái qīng tái” jì niàn tā。Liú bèi yǔ Cáo cāo zhēng dúo tiān xià, zhū gě liàng yóu wù nóng chū ér jiàn lì xūn yè。Dāng zhe liǎng ge rén hái dài zài bù wéi rén suǒ zhī de piān pì jiǎo luò shí, shì rén yòu zěn me néng zhī dào tā men ne? Wǒ jīn tiān jū zhù zài zhè pò jiù de xiǎo wū lǐ, què zì dé qí lè, yǐ wéi yǒu qí jǐng yì zhì。Rú guǒ yǒu zhī dào wǒ zhè zhǒng jìng yù de rén, kǒng pà huì bǎ wǒ kàn zuò mù guāng duǎn qiǎn de jǐng dǐ zhī wā ba!

Wǒ yǐ jīng zuò le shàng miàn zhè piān zhì, guò le wǔ nián, wǒ de qī zi jià dào wǒ jiā lái, tā shí cháng dào xuān zhōng, xiàng wǒ wèn jí yī xiē lì shǐ gù shì, yǒu shí kào zhe zhuō zi xué xiě zì。Qī zi huí niáng jiā qù xǐng qīn, huí lái yǐ hòu zhuǎn shù tā de xiǎo mèi mei men de huà shuō：“Tīng shuō jiě jiě jiā lǐ yǒu gé zi, nà me shén me jiào gé zi ne?” Yǐ hòu guò le liù nián, wǒ de qī zi qù shì, xiàng jǐ xuān zhú jiàn pò bài, yě bù xiū lǐ。Cǐ hòu yòu guò le liǎng nián, wǒ wò bìng zài chuáng, wú liáo zhī jì, cái pài rén zài cì xiū shàn nán gé zi。nà xíng shì hé yǐ qián shāo yǒu bù tóng。Rán ér cǐ hòu wǒ cháng qī zài wài, bù cháng huí dào xuān zhōng jū zhù。

Tíng qián yǒu yī kē pí pá shù, shì wǒ qī zi qù shì de nà yī nián zhòng xià de, jīn tiān yǐ jīng chù lì zhe, zhī yè fán shèng, xiàng yī bǎ chēng kāi de dà sǎn yī yàng le。

(2) 한국어 스토리텔링(韩语 讲故事)

* 중심어 : 项脊轩(항척헌) - 하녀 노파에 대한 회상 - 할머니에 대한 회상 - 아내에 대한 생각

(3) 중국어 스토리텔링(汉语 讲故事)

* 중심어(关键词) : 项脊轩 – 老婆婆 – 祖母 – 妻子

第十一章

유황산일기후(遊黃山日記後) - 서하객(徐霞客)

遊黃山日記後

Yóu Huáng shān rì jì hòu

徐霞客[1)]

Xú xiá kè

初四日. 十五里, 至湯口[2)]. 五里, 至湯寺[3)], 浴於湯池. 扶杖望硃砂庵[4)]而登.

Chū sì rì。Shí wǔ lǐ, zhì Tāng kǒu。Wǔ lǐ, zhì Tāng sì, yù yú tāng chí。Fú zhàng wàng Zhū shā ān ér dēng。

十里, 上黃泥岡. 向時雲裏諸峰, 漸漸透出, 亦漸漸落吾杖底.

Shí lǐ, shàng huáng ní gāng。Xiàng shí yún lǐ zhū fēng, jiàn jiàn tòu chū, yì jiàn jiàn luò wú zhàng dǐ。

轉入石門[5)], 越天都之脅而下, 則天都[6)]、蓮花[7)]二頂, 俱秀出天半. 路旁一岐東上, 乃昔所未至者, 遂前趨直上, 幾達天都側.

Zhuǎn rù Shí mén, yuè tiān dū zhī xié ér xià, zé Tiān dū、Lián huā èr dǐng, jù xiù chū tiān bàn。Lù páng yī qí dōng shàng, nǎi xī suǒ wèi zhì zhě, suì qián qū zhí shàng, jǐ dá Tiān dū cè。

復北上, 行石罅中. 石峰片片夾起；路宛轉石間, 塞者鑿之, 陡者級之, 斷者架木通之, 懸者植梯接之. 下瞰峭壑陰森, 楓松相間, 五色紛披, 燦

---

1) 徐霞客(서하객): 1586~1641. 명대 저명 여행가이자 지리학자이자 기행문 작가. 이름은 '홍조(弘祖)'이고 '하객'은 그의 호. 강소성 강음(江陰) 사람.

2) 湯口(탕구): 흡현(歙縣) 서북쪽의 작은 진(鎮). 황산 입구에 위치.

3) 湯寺(탕사): 절 이름. 근처에 탕천(湯泉)이 있어 붙여진 이름.

4) 硃砂庵(주사암): 즉 자광사(慈光寺). 주사암은 자광사의 옛 이름. 현재는 자광각빈관(慈光閣賓館)으로 개축 사용되고 있다.

5) 石門(석문): 황산 석문봉(石門峰)에 있는 36개 봉우리 중의 하나. 광명정(光明頂) 동북쪽에 있는데 꼭대기에 두 개의 바위가 문처럼 우뚝 솟아 있어 붙여진 이름.

6) 天都(천도): 황산 3대 주봉 중의 하나. 해발 1,810미터.

7) 蓮花(연화): 천도봉과 함께 황산의 양대 봉우리. 문수원에서 바라본 모습이 연꽃이 막 피어난 모습을 닮았다 하여 붙여진 이름. 해발 1,860미터.

若圖繡.

Fù běi shàng, xíng shí xià zhōng。Shí fēng piàn piàn jiā qǐ； lù wǎn zhuàn shí jiān, sāi zhě záo zhī, dǒu zhě jí zhī, duàn zhě jià mù tōng zhī, xuán zhě zhí tī jiē zhī。Xià kàn qiào hè yīn sēn, fēng sōng xiāng jiān, wǔ sè fēn pī, càn ruò tú xiù。

因念黃山當生平奇覽, 而有奇若此, 前未一探, 玆遊快且愧矣!

Yīn niàn Huáng shān dāng shēng píng qí lǎn, ér yǒu qí ruò cǐ, qián wèi yī tàn, zī yóu kuài qiě kuì yǐ!

　　時夫仆俱阻險行後, 余亦停弗上；乃一路奇景, 不覺引余獨往. 既登峰頭, 一庵翼然, 爲文殊院[8], 亦余昔年欲登未登者.

　　Shí fū pú jù zǔ xiǎn xíng hòu, yú yì tíng fú shàng； nǎi yī lù qí jǐng, bù jué yǐn yú dú wǎng。Jì dēng fēng tóu, yī ān yì rán, wéi Wén shū yuàn, yì yú xī nián yù dēng wèi dēng zhě。

左天都, 右蓮花, 背倚玉屏風[9], 兩峰秀色, 俱可手擥. 四顧奇峰錯列, 衆壑縱橫, 眞黃山絕勝處!非再至, 焉知其奇若此?

Zuǒ Tiān dū, yòu Lián huā, bēi yǐ Yù píng fēng, liǎng fēng xiù sè, jù kě shǒu lǎn。Sì gù qí fēng cuò liè, zhòng hè zòng héng, zhēn Huáng shān jué shèng chù! Fēi zài zhì, yān zhī qí qí ruò cǐ?

遇遊僧澄源至, 興甚湧. 時已過午, 奴輩適至. 立庵前, 指點兩峰.

Yù yóu sēng Chéng yuán zhì, xīng shèn yǒng。Shí yǐ guò wǔ, nú bèi shì zhì。Lì ān qián, zhǐ diǎn liǎng fēng。

庵僧謂："天都雖近而無路, 蓮花可登而路遙. 只宜近盼天都, 明日登蓮頂." 余不從, 決意遊天都.

Ān sēng wèi："Tiān dū suī jìn ér wú lù, Lián huā kě dēng ér lù yáo。Zhǐ yí jìn pàn Tiān dū, míng rì dēng lián dǐng。" Yú bù cóng, jué yì yóu Tiān dū。

---

8) 文殊院(문수원): 절 이름. 천도봉과 연화봉 사이에 위치. 현재는 옥병루(玉屛樓)로 개축되었음. 풍광이 기이하게 아름다워 민간에서는 "문수원에 가지 않으면 황산의 얼굴을 보지 않은 것이다.(不到文殊院, 不見黃山面)"라는 말이 전한다.

9) 玉屛風(옥병풍): 즉 옥병봉(玉屛峰). 봉우리가 옥 병풍을 펼쳐놓은 것 같다 해서 붙여진 이름.

挾澄源、奴子仍下峽路. 至天都側, 從流石蛇行而上. 攀草牽棘, 石塊叢起則歷塊, 石崖側削則援崖.

Xié Chéng yuán、nú zǐ réng xià xiá lù。zhì Tiān dū cè, cóng liú shí shé xíng ér shàng。Pān cǎo qiān jí, shí kuài cóng qǐ zé lì kuài, shí yá cè xiāo zé yuán yá。

每至手足無可着處, 澄源必先登垂接. 每念上既如此, 下何以堪?終亦不顧. 歷險數次, 遂達峰頂.

Měi zhì shǒu zú wú kě zhúo chù, chéng yuán bì xiān dēng chuí jiē。Měi niàn shàng jì rú cǐ, xià hé yǐ kān? Zhōng yì bù gù。Lì xiǎn shù cì, suì dá fēng dǐng。

惟一石頂壁起猶數十丈, 澄源尋視其側, 得級, 挾予以登. 萬峰無不下伏, 獨蓮花與抗耳.

Wéi yī shí dǐng bì qǐ yóu shù shí zhàng, Chéng yuán xún shì qí cè, dé jí, xié yǔ yǐ dēng。Wàn fēng wú bù xià fú, dú lián huā yǔ kàng ěr。

時濃霧半作半止, 每一陣至, 則對面不見. 眺蓮花諸峰, 多在霧中. 獨上天都, 予至其前, 則霧徙於後；予越其右, 則霧出於左.

Shí nóng wù bàn zuò bàn zhǐ, dì yī zhèn zhì, zé duì miàn bù jiàn。Tiào lián huā zhū fēng, duo zài wù zhōng。Dú shàng tiān dū, yǔ zhì qí qián, zé wù xǐ yú hòu； yǔ yuè qí yòu, zé wù chū yú zuǒ。

其松猶有曲挺縱橫者；柏雖大幹如臂, 無不平貼石上, 如苔蘚然. 山高風巨, 霧氣去來無定.

Qí sōng yóu yǒu qǔ tǐng zòng héng zhě； bǎi suī dà yú rú bì, wú bù píng tiē shí shàng、rú tái xiǎn rán。Shān gāo fēng jù, wù qì qù lái wú dìng。

下盼諸峰, 時出爲碧嶠[10], 時沒爲銀海. 再眺山下, 則日光晶晶, 別一區宇也. 日漸暮, 遂前其足, 手向後據地, 坐而下脫.

Xià pàn zhū fēng, shí chū wéi bì jiào, shí mò wéi yín hǎi。Zài tiào shān xià, zé rì guāng jīng jīng, bié yī qū yǔ yě。Rì jiàn mù, suì qián qí zú, shǒu xiàng hòu jù dì, zuò ér xià tuō。

---

10) 嶠(교): 뾰족하고 높은 산.

至險絕處, 澄源並肩手相接. 度險, 下至山坳, 暝色已合. 復從峽度棧[11] 以上, 止文殊院. (『徐霞客游記』[12])

Zhì xiǎn jué chù, Chéng yuán bìng jiān shǒu xiàng jiē。Dù xiǎn, xià zhì shān ào, míng sè yǐ hé。Fù cóng xiá dù zhàn yǐ shàng, zhǐ Wén shū yuàn。(『Xú xiá kè yóu jì』)

(1) 현대 한어 번역(汉译)

初四每天走十五里, 到汤口。 又走了五里, 到达汤寺, 在汤池沐浴。 拄着拐杖, 远看硃砂庵攀登。 十里, 登上黄泥冈。 刚才云雾笼罩的山峰慢慢地显露出来, 也慢慢地落在我的拐杖下。 进了石门, 从天都峰侧面穿越而下, 于是天都、莲花两座峰顶, 都突出在天空中。 路边有一条岔路往东, 是我没走过的, 于是顺岔路直上, 几乎到了天都峰侧面。 又北上, 在石缝中走。 一片片石峰夹着路, 路在石峰之间弯来转去, 堵的地方被凿开, 陡的地方修出阶梯, 断的地方搭木通过, 悬空处安置梯子。 往下看, 壑谷峻峭、阴森, 枫树和松树相互夹杂, 五彩缤纷, 像画、锦一样灿烂; 于是想到游黄山应是有生以来的奇览, 如此的奇异景色前次没有探寻过, 这一次重游真是既痛快又惭愧啊!

这时仆人都因山险而落在后面, 我也停下来; 而奇景不知不觉地吸引我独自前往。 登上峰顶后, 一座庙如鸟翅张开, 名文殊院, 也是我前年想攀登而没有登的地方。 左边是天都峰, 右边是莲花峰, 背靠玉屏蜂, 莲花、天都两峰的秀美山色, 近得似乎可以伸手揽住。 环顾四周, 奇峰高下错落排列, 壑谷众多而纵横交叉, 真是黄山上最绝妙的胜景。 如果不是第二次到黄山, 哪里会知道黄山竟有如此奇妙的景色呢?巧遇僧人澄源也登上此峰, 于是游兴更为高涨。 过了中午, 仆人们才来到。 站在文殊院前, 指着天都、莲花两峰点评。 庵中的僧人说: “天都峰虽然离得近, 却没有路上去; 莲花峰有路上去, 路程却很远。 只宜从近处观赏天都峰, 明天攀登莲花峰顶。” 我不听, 决心游

---

11) 棧(잔): 잔도(棧道). 험한 벼랑 같은 곳에 낸 길. 선반처럼 달아서 낸다.
12) 서하객이 30여 년간 중국을 여행하며 저술한, 60여 만 자에 이르는 유람 일기.

览天都峰。

和澄源、仆人一齐从原路下到峡谷。 到达天都峰侧，顺着流石像蛇一样地爬行而上。 抓扯草木荆棘攀援，石块丛密而起就从中穿越，石崖陡斜则扒崖而行。 每当遇到手脚无着落之处，必然是澄源先爬上去再伸手接我。 一想到上去已经如此艰难，就想到又怎么下来呢?最终什么也不顾了。 经历了数次危险，终于登上了天都峰顶。 峰顶上只有一块耸起数十丈高的岩石，澄源在岩石旁边寻找、观察，发现石阶，便扶我攀登。 万座山峰在脚下，唯独莲花峰能与之抗衡。 此时浓雾忽起忽止，每当一阵雾来，对面都看不见。 眺望莲花诸峰，大多在云雾之中。 只有在天都峰上，我走到前面，云雾在身后；我到右侧，雾便从左侧升起。 顶上还有横枝弯曲、主干挺拔的松树；柏树的枝干虽然有手臂粗，却全都平贴在岩石上，像苔藓一样。 山高风大，雾气来去不定。 往下看群峰，有时露出碧绿色的尖顶，有时又淹没为银色的云海。 再眺望山下，则是阳光明亮，是另外一个世界。 夜色渐渐临近，于是把脚朝前伸出去，用手在后面据地，坐着往下滑行。 滑到最险要的地方，澄源便肩、手并用地接住我。 过了惊险地段，下到山坳时，天已经黑了。 又顺着峡谷越过栈道向上走，到文殊院住了下来。

Chū sì měi tiān zǒu shí wǔ lǐ, dào tāng kǒu。Yòu zǒu le wǔ lǐ, dào dá tāng sì, zài tāng chí mù yù。Zhǔ zhe guǎi zhàng, yuǎn kàn zhū shā ān pān dēng。Shí lǐ, dēng shàng huáng ní gāng。Gāng cái yún wù lǒng zhào de shān fēng màn màn de xiǎn lù chū lái, yě màn màn de luò zài wǒ de guǎi zhàng xià。Jìn le shí mén, cóng tiān dū fēng cè miàn chuān yuè ér xià, yú shì tiān dū、lián huā liǎng zuò fēng dǐng, dōu tū chū zài tiān kōng zhōng。Lù biān yǒu yī tiáo chà lù wǎng dōng, shì wǒ méi zǒu guò de, yú shì shùn chà lù zhí shàng, jī hū dào le tiān dū fēng cè miàn。Yòu běi shàng, zài shí féng zhōng zǒu。Yī piàn piàn shí fēng jiā zhe lù, lù zài shí fēng zhī jiān wān lái zhuǎn qù, dú zhě de dì fang bèi záo kāi, dǒu de dì fang xiū chū jiē tī, duàn de dì fang dā mù tōng guò, xuán kōng chù ān zhì tī zi。Wǎng xià kàn, hè gǔ jùn qiào、yīn sēn, fēng shù hé sōng shù xiāng hù jiā zá, wǔ cǎi bīn fēn, xiàng huà、jǐn yī yàng càn làn；yú shì xiǎng dào yóu huáng shān yīng shì yǒu shēng yǐ lái de qí lǎn, rú cǐ de qí yì jǐng sè qián cì méi yǒu tàn xún guò, zhè yī cì chóng yóu zhēn shì jì tòng kuài yòu cán kuì ā!

Zhè shí pú rén dōu yīn shān xiǎn ér luò zài hòu mian, wǒ yě tíng xià lái；ér qí jǐng bù zhī bù jué de xī yǐn wǒ dú zì qián wǎng。Dēng shàng fēng dǐng hòu, yī zuò miào rú niǎo chì zhāng kāi, míng wén shū yuàn, yě shì wǒ qián nián xiǎng pān dēng ér méi yǒu dēng de dì fang。Zuǒ biān shì tiān dū fēng, yòu biān shì lián huā fēng, bēi kào yù píng fēng, lián huā、tiān dū liǎng fēng de xiù měi shān sè, jìn dé sì hū kě yǐ shēn shǒu lǎn zhù。Huán gù sì zhōu, qí fēng gāo xià cuò luò pái liè, hè gǔ zhòng duō ér zòng héng jiāo chā, zhēn shì huáng shān shàng zuì jué miào de shèng jǐng。Rú guǒ bù shì dì èr cì dào huáng shān, nǎ li huì zhī dào huáng shān jìng yǒu rú cǐ qí miào de jǐng sè ne? Qiǎo yù sēng rén chéng yuán yě dēng shàng cǐ fēng, yú shì yóu xìng gēng wéi gāo zhǎng。Guò le zhōng wǔ, pú rén men cái lái dào。Zhàn zài wén shū yuàn qián, zhǐ zhe tiān dū、lián huā liǎng fēng diǎn píng。ān zhōng de sēng rén shuō："Tiān dū fēng suī rán lí dé jìn, què méi yǒu lù shàng qù；lián huā fēng yǒu lù shàng qù, lù chéng què hěn yuǎn。Zhǐ yí cóng jìn chù guān shǎng tiān dū fēng, míng tiān pān dēng lián huā fēng dǐng。" Wǒ bù tīng, jué xīn yóu lǎn tiān dū fēng。

Hé chéng yuán、pú rén yī qí cóng yuán lù xià dào xiá gǔ。Dào dá tiān dū fēng cè, shùn zhe liú shí xiàng shé yī yàng de pá xíng ér shàng。Zhuā chě cǎo mù jīng jí pān yuán, shí kuài cóng mì ér qǐ jiù cóng zhōng chuān yuè, shí yá dǒu xié zé pá yá ér xíng。Měi dāng yù dào shǒu jiǎo wú zhuó luò zhī chù, bì rán shì chéng yuán xiān pá shàng qù zài shēn shǒu jiē wǒ。Yī xiǎng dào shàng qù yǐ jīng rú cǐ jiān nán, jiù xiǎng dào yòu zěn me xià lái ne? zuì zhōng shén me yě bù gù le。Jīng lì le shù cì wēi xiǎn, zhōng yú dēng shàng le tiān dū fēng dǐng。Fēng dǐng shàng zhǐ yǒu yī kuài sǒng qǐ shù shí zhàng gāo de yán shí, chéng yuán zài yán shí páng biān xún zhǎo、guān chá, fā xiàn shí jiē, biàn fú wǒ pān dēng。Wàn zuò shān fēng zài jiǎo xià, wéi dú lián huā fēng néng yǔ zhī kàng héng。Cǐ shí nóng wù hū qǐ hū zhǐ, měi dāng yī zhèn wù lái, duì miàn dōu kàn bu jiàn。Tiào wàng lián huā zhū fēng, dà duō zài yún wù zhī zhōng。Zhǐ yǒu zài tiān dū fēng shàng, wǒ zǒu dào qián miàn, yún wù zài shēn hòu；wǒ dào yòu cè, wù biàn cóng zuǒ cè shēng qǐ。Dǐng shàng hái yǒu héng zhī wān qū、zhǔ gàn tǐng bá de sōng shù；bǎi shù de zhī gān suī rán yǒu shǒu bì cū, què quán dōu píng tiē zài yán shí shàng, xiàng tái xiǎn yī yàng。Shān gāo fēng dà, wù qì lái qù bù dìng。Wǎng xià kàn qún fēng, yǒu shí lù chū bì lǜ sè de jiān dǐng, yǒu shí yòu yān mò wéi yín sè de yún hǎi。Zài tiào wàng shān xià, zé shì yáng guāng míng liàng, shì lìng wài yī ge shì jiè。Yè sè jiàn jiàn lín jìn, yú shì bǎ jiǎo cháo qián shēn chū qù, yòng shǒu zài hòu miàn jù dì, zuò zhe wǎng xià huá xíng。Huá dào zuì xiǎn yào de dì fang, chéng yuán biàn jiān、shǒu bìng yòng dì jiē zhù wǒ。Guò le jīng xiǎn dì duàn, xià dào shān ào shí, tiān yǐ jīng hēi le。Yòu shùn zhe xiá gǔ yuè guò zhàn dào xiàng shàng zǒu, dào wén shū yuàn zhù le xià lái。

(2) 한국어 스토리텔링(韩语 讲故事)

* 명문장 : 황산은 내가 태어난 후 처음 보는 기관(奇觀)으로, 이처럼 기이한 풍광은 전에는 구경해본 적이 없다. 이번의 유람은 참으로 유쾌하고도 행운이 아닐 수 없다.

(3) 중국어 스토리텔링(汉语 讲故事)

* 명문장(名句) : 黄山当生平奇览，而有奇若此，前未一探，兹游快且愧矣!

第十二章

원군(原君)
- 황종희(黃宗羲)

原君

Yuán jūn

黃宗羲(1610-1695)[1)]

Huáng zōng xī

有生之初, 人各自私也, 人各自利也. 天下有公利而莫[2)]或興之, 有公害而莫或除之.

Yǒu shēng zhī chū, rén gè zì sī yě, rén gè zì lì yě。Tiān xià yǒu gōng lì ér mò huò xìng zhī, yǒu gōng hài ér mò huò chú zhī。

有人者出, 不以一己之利爲利, 而使天下受其利；不以一己之害爲害, 而使天下釋[3)]其害.

1) 황종희는 명말청초의 사상가이자 문인이다. 명나라가 망하자 은거한 후에 저술에 힘썼다.
2) 莫(막) : 아니다. --할 사람(일)이 없다.
3) 釋(석) : 없애다. 제거하다.

Yǒu rén zhě chū, bù yǐ yī jǐ zhī lì wéi lì, ér shǐ tiān xià shòu qí lì；bù yǐ yī jǐ zhī hài wéi hài, ér shǐ tiān xià shì qí hài。

此其人之勤勞, 必千萬於天下之人. 夫以千萬倍之勤勞, 則己又不享其利, 必非天下之人情所欲居也.

Cǐ qí rén zhī qín láo, bì qiān wàn yú tiān xià zhī rén。Fú yǐ qiān wàn bèi zhī qín láo, zé jǐ yòu bù xiǎng qí lì, bì fēi tiān xià zhī rén qíng suǒ yù jū yě。

故古人之君, 量[4]而不欲入者, 許由[5]、務光[6]是也；入而又去之者, 堯、舜是也；初不欲入而不得去者, 禹是也.

Gù gǔ rén zhī jūn, liàng ér bù yù rù zhě, Xǔ yóu、Wù guāng shì yě；rù ér yòu qù zhī zhě, Yáo、Shùn shì yě；chū bù yù rù ér bù dé qù zhě, Yǔ shì yě。

豈古之人有所異哉? 好逸惡勞[7], 亦猶夫人之情也.

Qǐ gǔ zhī rén yǒu suǒ yì zāi? Hǎo yì wù láo, yì yóu fū rén zhī qíng yě。

後之爲人君者不然. 以爲天下利害之權皆出於我, 我以天下之利盡歸於己, 以天下之害盡歸於人, 亦無不可.

Hòu zhī wéi rén jūn zhě bù rán。Yǐ wéi tiān xià lì hài zhī quán jiē chū yú wǒ, wǒ yǐ tiān xià zhī lì jìn guī yú jǐ, yǐ tiān xià zhī hài jìn guī yú rén, yì wú bù kě。

使天下之人不敢自私, 不敢自利, 以我之大私爲天下之公. 始而慚[8]焉, 久而安焉, 視天下爲莫大之產業, 傳之子孫, 受享無窮.

Shǐ tiān xià zhī rén bù gǎn zì sī, bù gǎn zì lì, yǐ wǒ zhī dà sī wéi tiān xià zhī gōng。Shǐ ér cán yān, jiǔ ér ān yān, shì tiān xià wéi mò dà zhī chǎn yè, chuán zhī zǐ sūn, shòu xiǎng wú qióng。

---

4) 量(량) : 헤아리다. 고려하다.
5) 許由(허유) : 은사. 요임금이 황제의 자리를 물려주려하자 거절했다.
6) 務光(무광) : 은사. 은나라 탕임금이 황제의 자리를 물려주려하자 거절했다.
7) 好逸惡勞(호일오로) : 기쁘고, 편안하고, 미워하고, 고생하다.
8) 慚(참) : 부끄러워하다.

漢高帝所謂“某業所就，孰與仲[9]多”者，其逐[10]利之情，不覺溢[11]之於辭矣.

Hàn gāo dì suǒ wèi “mǒu yè suǒ jiù, shú yǔ zhòng duō ”zhě, qí zhú lì zhī qíng, bù jué yì zhī yú cí yǐ。

此無他，古者以天下爲主，君爲客，凡君之所畢世而經營者，爲天下也.

Cǐ wú tā, gǔ zhě yǐ tiān xià wéi zhǔ, jūn wéi kè, fán jūn zhī suǒ bì shì ér jīng yíng zhě, wèi tiān xià yě。

今也以君爲主，天下爲客，凡天下之無地而得安寧者，爲君也.

Jīn yě yǐ jūn wéi zhǔ, tiān xià wéi kè, fán tiān xià zhī wú dì ér dé ān níng zhě, wèi jūn yě。

是以其未得之也，屠毒[12]天下之肝腦[13]，離散天下之子女，以博[14]我一人之産業，曾不慘然，曰：“我固爲子孫創業也.”

Shì yǐ qí wèi dé zhī yě, tú dú tiān xià zhī gān nǎo, lí sàn tiān xià zhī zǐ nǚ, yǐ bó wǒ yī rén zhī chǎn yè, céng bù cǎn rán, yuē：“Wǒ gù wéi zǐ sūn chuàng yè yě。”

其旣得之也，敲剝[15]天下之骨髓，離散天下之子女，以奉我一人之淫樂樂，視爲當然，曰：“此我産業之花息[16]也.”

Qí jì dé zhī yě, qiāo bō tiān xià zhī gǔ suǐ, lí sàn tiān xià zhī zǐ nǚ, yǐ fèng wǒ yī rén zhī yín lè, shì wéi dāng rán, yuē：“Cǐ wǒ chǎn yè zhī huā xī yě。”

然則爲天下之大害者，君而已矣!向[17]使[18]無君，人各得自私也，人各得

9) 仲(중) : 버금, 둘째. 여기에서는 한고조(漢高祖) 유방(劉邦)의 동생을 가리킨다.
10) 逐(축) : 추구하다.
11) 溢(일) : 넘치다. 표출되다.
12) 屠毒(도독) : 죽이다.
13) 肝腦(간뇌) : 간과 뇌. 여기에서는 사람을 가리킨다.
14) 博(박) : 넓히다. 증가시키다.
15) 敲剝(고박) : 두드리고 벗기다. 즉, 고혈을 짜내는 것을 말한다.
16) 花息(화식) : 이자.
17) 向(향) : 이전, 과거.
18) 使(사) : 설령 —라고 할지라도.

自利也. 嗚呼!豈設君之道固如是乎?

Rán zé wéi tiān xià zhī dà hài zhě, jūn ér yǐ yǐ! Xiàng shǐ wú jūn, rén gè dé zì sī yě, rén gè dé zì lì yě。Wū hū! Qǐ shè jūn zhī dào gù rú shì hū?

古者天下之人愛戴[19]其君, 比之如父, 擬之如天, 誠不爲過也.

Gǔ zhě tiān xià zhī rén ài dài qí jūn, bǐ zhī rú fù, nǐ zhī rú tiān, chéng bù wéi guò yě。

今也天下之人, 怨惡其君, 視之如寇仇[20], 名之爲獨夫[21], 固其所也.

Jīn yě tiān xià zhī rén, yuàn wù qí jūn, shì zhī rú kòu chóu, míng zhī wéi dú fū, gù qí suǒ yě。

而小儒[22]規規焉[23]以君臣之義無所逃於天地之間, 至桀紂[24]之暴, 猶謂湯武不當誅之, 而妄[25]傳伯夷、叔齊無稽[26]之事, 乃兆人萬姓崩壞之血肉, 曾不異夫腐鼠.

Ér xiǎo rú guī guī yān yǐ jūn chén zhī yì wú suǒ táo yú tiān dì zhī jiān, zhì jié zhòu zhī bào, yóu wèi tāng wǔ bù dāng zhū zhī, ér wàng chuán Bó yí、Shū qí wú jī zhī shì, nǎi zhào rén wàn xìng bēng kuì zhī xuè ròu, céng bù yì fú fǔ shǔ。

豈天地之大, 於兆人萬姓之中, 獨私其一人一姓乎?是故武王聖人也, 孟子之言, 聖人之言也.

Qǐ tiān dì zhī dà, yú zhào rén wàn xìng zhī zhōng, dú sī qí yī rén yī xìng hū? Shì gù Wǔ wáng shèng rén yě, Mèng zǐ zhī yán, shèng rén zhī yán yě。

後世之君, 欲以如父如天之空名, 禁人之窺伺[27]者, 皆不便於其言, 至廢孟子而不立, 非導源於小儒乎?

---

19) 戴(대) : 존경하여 모시다.
20) 寇仇(구구) : 도둑과 원수
21) 獨夫(독부) : 폭군.
22) 小儒(소유) : 송대(宋代) 이후의 이학가(理學家).
23) 規規焉(규규언) : 규칙에 얽매인 모양. 고집스럽고 융통성이 없는 모양.
24) 桀紂(걸주) : 걸은 하나라 최후의 황제이고, 주는 은나라 최후의 황제.
25) 妄(망) : 허망하다. 조작하다.
26) 無稽(무계) : 근거가 없다.
27) 窺伺(규사) : 기회를 엿보다.

Hòu shì zhī jūn, yù yǐ rú fù rú tiān zhī kòng míng, jìn rén zhī kuī sì zhě, jiē bù biàn yú qí yán, zhì fèi Mèng zǐ ér bù lì, fēi dǎo yuán yú xiǎo rú hū?

雖然, 使後之爲君者, 果能保此產業, 傳之無窮, 亦無怪乎其私之也.

Suī rán, shǐ hòu zhī wéi jūn zhě, guǒ néng bǎo cǐ chǎn yè, chuán zhī wú qióng, yì wú guài hū qí sī zhī yě。

旣以產業視之, 人之欲得產業, 誰不如我?攝緘縢[28], 固扃鐍[29], 一人之智力, 不能勝天下欲得之者之衆.

Jì yǐ chǎn yè shì zhī, rén zhī yù dé chǎn yè, shéi bù rú wǒ? Shè jiān téng, gù jiōng yù, yī rén zhī zhì lì, bù néng shèng tiān xià yù dé zhī zhě zhī zhòng。

遠者數世, 近者及身, 其血肉之崩壞, 在其子孫矣. 昔人[30]願世世無生帝王家, 而毅宗[31]之語公主, 亦曰："若何爲生我家!" 痛哉斯言!

Yuǎn zhě shù shì, jìn zhě jí shēn, qí xuè ròu zhī bēng kuì, zài qí zǐ sūn yǐ。Xī rén yuàn shì shì wú shēng dì wáng jiā, ér Yì zōng zhī yǔ gōng zhǔ, yì yuē : "Ruò hé wéi shēng wǒ jiā!" Tòng zāi sī yán!

回思創業時, 其欲得天下之心, 有不廢然摧沮[32]者乎?是故明乎爲君之職分, 則唐、虞[33]之世, 人人能讓, 許由、務光非絶塵[34]也.

Huí sī chuàng yè shí, qí yù dé tiān xià zhī xīn, yǒu bù fèi rán cuī jǔ zhě hū? Shì gù míng hū wéi jūn zhī zhí fèn, zé Táng、Yú zhī shì, rén rén néng ràng, Xǔ yóu、Wù guāng fēi jué chén yě。

---

28) 攝緘縢(섭함등) : 상자를 감은 노끈을 추스르다.
29) 固扃鐍(고경휼) : 빗장을 튼튼하게 하다. 여기에서는 폭군이 자신의 자리를 지키려하지만 영원히 지킬 수는 없음을 비유하는 말이다.
30) 昔人(석인) : 남조(南朝) 송(宋)나라의 순제(順帝).
31) 毅宗(의종) : 명(明)나라 숭정제(崇禎帝)로 이자성(李自成)의 난으로 죽었다.
32) 廢然摧沮(폐연최저) : 위축되고 의기소침하다.
33) 唐虞(당우) : 고대의 부락이름. 당은 요(堯)를 수령으로 하는 부락이고, 우는 순(舜)을 수령으로 하는 부락이었다.
34) 絶塵(절진) : 수레가 일으키는 먼지를 끊다. 여기에서는 후계자가 없다는 의미이다.

不明乎爲君之職分, 則市井之間, 人人可欲, 許由、務光所以曠[35]後世而不聞也.

Bù míng hū wéi jūn zhī zhí fèn, zé shì jǐng zhī jiān, rén rén kě yù, Xǔ yóu、Wù guāng suǒ yǐ kuàng hòu shì ér bù wén yě。

然君之職分難明, 以俄頃[36]淫樂, 不易無窮之悲, 雖愚者亦明之矣.

Rán jūn zhī zhí fèn nán míng, yǐ é qǐng yín lè, bù yì wú qióng zhī bēi, suī yú zhě yì míng zhī yǐ。

(1) 현대 한어 번역(汉译)

自有人类的那一天, 人们就各人只管自己的私事, 只谋自己的利益。 世上有公共的利益却没有人去兴办; 有公共的祸害却没有人去革除。 有这样一个人出来, 不把个人的私利看作利益, 而是使天下人都得到利益; 不把个人的害处看作害处, 而是使天下人都免除害处。 这个人的辛勤劳作, 必相当于一般天下人的千万倍。 付出千万倍的辛劳, 却又得不得利益, 就天下人的本性来说, 必然不愿意处在那个地位。 所以, 在古代, 人的君主这个位置, 考虑了而不愿意就位的, 有许由、务光这些人; 就位而又离去的, 有尧、舜这些人; 当初不愿就位, 而终于无法离去的, 有禹这个人。 难道古人有什么特异之处吗?好逸恶劳, 也和普通人的本性一样啊。

后世做人君的却不是这样。 他们以为分派天下利害的权力都出于我自己, 我把天下的利益都归于自己, 把天下的害处都归于他人, 也没有什么不可心以的。 (他们)使天下人不敢自私, 不敢自利, 而把我的私利作为天下的公利; 开始还感到惭愧, 时间一久就心安理得了, 把天下看作自己再大不过的产业, 传给子孙, 享受无穷。 汉高祖所说的 "我所成就的家业, 同老二相比谁多" 这句话, 那种追逐私利的心情不觉已充分表现在言语之中了。 没有其别

35) 曠(광) : 광활하다. 등한시 하다.
36) 俄頃(아경) : 갑작스런 순간.

原因，古代是将天下看作主人，而将君主看作宾客，大凡君主一辈子所在经营的，都是为了全天下人。现在把君主看作主人，把天下看作宾客，大凡全天下之所以没有一块地能够得到安宁的，都是因为君主的缘故啊!所以在他还没有得到天下的时候，让天下人肝脑涂地惨死，让天下人的子女分散各处，用来换取我一个人的产业，却不会觉得悲惨哪!还说:我本来就是在为后代子孙创立产业啊!当他已经获得天下了，就敲诈剥夺天下人的骨髓，离散天下人的子女，用来供奉我一人的荒淫享乐，还把这看做是理所当然。说:「这些都是我产业的花红，利息啊!」这麼说来，是全天下的大灾害，就是君主而已了。假如像从前没有君主的话，人们都各自能够得到自己的东西，各自能够得到自己的利益。唉!难道本来设立君主的道理就是这样吗?

古代的天下人，爱戴他们的君主，把他比喻成父亲，把他拟喻成老天，实在不算过分哪!现在的天下人，怨恨，憎恶他们的君主，把他看得像仇敌一样，把他叫做「独夫」，本来这就是应该的。可是小儒们却识见肤浅，认为君臣之间的道理是存在天地之间的，是无法脱逃的，甚到了像夏桀，商纣那样的暴虐，仍然还说商汤，周武王不该杀他们的，还乱编造流传伯夷，叔齐无法考证的事情;他们看待万千百姓血肉崩溃的惨死，几乎就和老鼠的腐死没什麼两样啊!难道天地这麼的大，在万万千千的老百姓之中，单单私爱君主的一人一姓吗?所以周武王，是个大圣人;所以孟子的言论，是大圣人的言论。后代君主，想要拿像父亲，像老天一般的空名，禁止别人窥伺君位，都认为孟子的言论对他不利，甚至直接废除孟子配祀孔庙，这难道不是来源於那些识见肤浅的小儒们吗?

虽然这个样子，如果后代做君主的人，果真能够保住这个产业，无穷无尽地传下去，也不怪他将天下看成是私有的了。可是，既然他把天下看成是产业，那别人想要获得这个产业，谁不跟我一样呢。於是拚命用绳子给它绑紧，努力用钮锁给它牢固，然而一个人的智慧力量是注定不能胜过全天下想要得到的人;以致於远的好几代，近的就在自己身上，他们血肉崩溃的惨死，就应在子孙身上了!从前有君主希望「以后世世代代都不要再投生到帝王家了!」而明毅宗对女儿(长平公主)也说:你为什麼要生在我家呢!这话说得真悲痛啊!回想他们(祖先)在创业打天下, 那想要获得天下的雄心, (相较之下), 能不沮丧, 能不瘫软吗!所以明白做君主的职分后, 那麼唐尧, 虞舜的时代, 人人都能推让君位;许由, 务光就不是多麼地超俗绝尘了。 相反地, 不明白做君主的职份的话, 那麼连在市井里面, 也人人都想当君主啊!这就是为什麼许由, 务光在后代绝迹而听不到了。 虽然君主的职份难以分明, 但是用短暂时间的荒淫享乐, 不值得去换取无穷无尽的悲哀, 即使是愚蠢的人也能明白这个道理啊!

Zì yǒu rén lèi de nà yī tiān, rén men jiù gè rén zhǐ guǎn zì jǐ de sī shì, zhǐ móu zì jǐ de lì yì。Shì shàng yǒu gōng gòng de lì yì què méi yǒu rén qù xīng bàn； yǒu gōng gòng de huò hài què méi yǒu rén qù gé chú。Yǒu zhè yàng yī ge rén chū lái, bù bǎ gè rén de sī lì kàn zuò lì yì, ér shì shǐ tiān xià rén dōu dé dào lì yì； bù bǎ gè rén de hài chù kàn zuò hài chù , ér shì shǐ tiān xià rén dōu miǎn chú hài chù。Zhè ge rén de xīn qín láo zuò, bì xiāng dāng yú yī bān tiān xià rén de qiān wàn bèi。Fù chū qiān wàn bèi de xīn láo, què yòu dé bù dé lì yì, jiù tiān xià rén de běn xìng lái shuō, bì rán bù yuàn yì chù zài nà gè dì wèi。Suǒ yǐ, zài gǔ dài, rén de jūn zhǔ zhè ge wèi zhì, kǎo lǜ le ér bù yuàn yì jiù wèi de, yǒu Xǔ yóu、Wù guāng zhè xiē rén； jiù wèi ér yòu lí qù de, yǒu Yáo、Shùn zhè xiē rén； dāng chū bù yuàn jiù wèi, ér zhōng yú wú fǎ lí qù de, yǒu yǔ zhè ge rén。Nán dào gǔ rén yǒu shén me tè yì zhī chù ma? Hào yì wù láo, yě hé pǔ tōng rén de běn xìng yī yàng ā。

Hòu shì zuò rén jūn de què bù shì zhè yàng。Tā men yǐ wéi fēn pài tiān xià lì hài de quán lì dōu chū yú wǒ zì jǐ, wǒ bǎ tiān xià de lì yì dōu guī yú zì jǐ, bǎ tiān xià de hài chù dōu guī yú tā rén, yě méi yǒu shén me bù kě xīn yǐ de。(Tā men)shǐ tiān xià rén bù gǎn zì sī, bù gǎn zì lì, ér bǎ wǒ de sī lì zuò wéi tiān xià de gōng lì； kāi shǐ hái gǎn dào cán kuì, shí jiān yī jiǔ jiù xīn ān lǐ dé le, bǎ tiān xià kàn zuò zì jǐ zài dà bù guò de chǎn yè, chuán gěi zǐ sūn, xiǎng shòu wú qióng。Hàn gāo zǔ suǒ shuō de “Wǒ suǒ chéng jiù de jiā yè, tóng lǎo èr xiāng bǐ shéi duō” zhè jù huà, nà zhǒng zhuī zhú sī lì de xīn qíng bù jué yǐ chōng fēn biǎo xiàn zài yán yǔ zhī zhōng le。Méi yǒu qí bié yuán yīn, gǔ dài shì jiāng tiān xià kàn zuò zhǔ rén, ér jiāng jūn zhǔ kàn zuò bīn kè, dà fán jūn zhǔ yī bèi zǐ suǒ zài jīng yíng de, dōu shì wèi le quán tiān xià rén。Xiàn zài bǎ jūn zhǔ kàn zuò zhǔ rén, bǎ tiān xià kàn zuò bīn kè, dà fán quán tiān xià zhī suǒ yǐ méi yǒu yī kuài dì néng gòu dé dào ān níng de, dōu shì yīn wèi jūn zhǔ de yuán gù ā! Suǒ yǐ zài tā hái méi yǒu dé dào tiān xià de shí hou, ràng tiān xià rén gān nǎo tú dì cǎn sǐ, ràng tiān xià rén de zǐ nǚ fēn sǎn gè chù, yòng lái huàn qǔ wǒ yī gè rén de chǎn yè, què bù huì jué de bēi cǎn nǎ! Hái shuō: Wǒ běn lái jiù shì zài wéi hòu dài zǐ sūn chuàng lì chǎn yè ā! Dāng tā yǐ jīng huò dé tiān xià le, jiù qiāo zhà bō dúo tiān xià rén de gǔ sǔi, lí sǎn tiān xià rén de zǐ nǚ, yòng lái gòng fèng wǒ yī rén de huāng yín xiǎng lè, hái bǎ zhè kàn zuò shì lǐ suǒ dāng rán。shuō:「Zhè xiē dōu shì wǒ chǎn yè de huā hóng, lì xī ā!」Zhè me shuō lái, shì quán tiān xià de dà zāi hài, jiù shì jūn zhǔ ér yǐ le。Jiǎ rú xiàng cóng qián méi yǒu jūn zhǔ de huà, rén mén dōu gè zì néng gòu dé dào zì jǐ de dōng xi, gè zì néng gòu dé dào zì jǐ de lì yì。 āi! Nán dào běn lái shè lì jūn zhǔ de dào lǐ jiù shì zhè yàng ma?

Gǔ dài de tiān xià rén, ài dài tā men de jūn zhǔ, bǎ tā bǐ yù chéng fù qīn, bǎ tā nǐ yù chéng lǎo tiān, shí zài bù suàn guò fèn na! Xiàn zài de tiān xià rén, yuàn hèn, zēng wù tā men de jūn zhǔ, bǎ tā kàn de xiàng chóu dí yī yàng, bǎ tā jiào zuò「dú fū」, běn lái zhè jiù shì yīng gāi de。 Kě shì xiǎo rú mén què shí jiàn fū qiǎn, rèn wéi jūn chén zhī jiān de dào lǐ shì cún zài tiān dì zhī jiān de, shì wú fǎ tuō táo de, shèn dào le xiàng Xià Jié, Shāng Zhòu nà yàng de bào nuè, réng rán hái shuō Shāng Tāng, Zhōu Wǔ wáng bù gāi shā tā mén de, hái luàn biān zào liú chuán Bó yí, Shū qí wú fǎ kǎo zhèng de shì qíng; tā mén kàn dài wàn qiān bǎi xìng xuè ròu bēng kuì de cǎn sǐ, jī hū jiù hé lǎo shǔ de fū sǐ méi shén me liǎng yàng ā! Nán dào tiān dì zhè me de dà, zài wàn wàn qiān qiān de lǎo bǎi xìng zhī zhōng, dān dān sī ài jūn zhǔ de yī rén yī xìng ma? Suǒ yǐ Zhōu Wǔ wáng, shì gè dà shèng rén; suǒ yǐ Mèng zǐ de yán lùn, shì dà shèng rén de yán lùn。 Hòu dài jūn zhǔ, xiǎng yào ná xiàng fù qīn, xiàng lǎo tiān yī bān de kōng míng, jìn zhǐ bié rén kuī sì jūn wèi, dōu rèn wéi Mèng zǐ de yán lùn duì tā bù lì, shèn zhì zhí jiē fèi chú Mèng zǐ pèi sì kǒng miào, zhè nán dào bù shì lái yuán yú nà xiē shí jiàn fū qiǎn de xiǎo rú mén ma?

suī rán zhè ge yàng zi, rú guǒ hòu dài zuò jūn zhǔ de rén, guǒ zhēn néng gòu bǎo zhù zhè ge chǎn yè, wú qióng wú jìn dì chuán xià qù, yě bù guài tā jiāng tiān xià kàn chéng shì sī yǒu de le。 Kě shì, jì rán tā bǎ tiān xià kàn chéng shì chǎn yè, nà bié rén xiǎng yào huò dé zhè ge chǎn yè, shéi bù gēn wǒ yī yàng ne。 Yú shì pīn mìng yòng shéng zǐ gěi tā bǎng jǐn, nǔ lì yòng niǔ suǒ gěi tā láo gù, rán ér yī ge rén de zhì huì lì liàng shì zhù dìng bù néng shèng guò quán tiān xià xiǎng yào dé dào de rén; yī zhì yú yuǎn de hǎo jǐ dài, jìn de jiù zài zì jǐ shēn shàng, tā mén xuè ròu bēng kuì de cǎn sǐ, jiù yīng zài zǐ sūn shēn shàng le! Cóng qián yǒu jūn zhǔ xī wàng「Yǐ hòu shì shì dài dài dōu bù yào zài tóu shēng dào dì wáng jiā le!」Ér míng yì zōng duì nǚ ér (Cháng píng gōng zhǔ) yě shuō: nǐ wéi shén me yào shēng zài wǒ jiā ne! Zhè huà shuō de zhēn bēi tòng ā! Huí xiǎng tā mén(zǔ xiān) zài chuàng yè dǎ tiān xià, nà xiǎng yào huò dé tiān xià de xióng xīn,(xiàng jiào zhī xià), néng bù jǔ sàng , néng bù tān ruǎn ma! Suǒ yǐ míng bai zuò jūn zhǔ de zhí fēn hòu, nà me Táng Yáo, Yú Shùn de shí dài, rén rén dōu néng tuī ràng jūn wèi; Xǔ yóu, Wù guāng jiù bù shì duō me dì chāo sú jué chén le。 Xiāng fǎn de, bù míng bai zuò jūn zhǔ de zhí fèn de huà, nà me lián zài shì jǐng lǐ miàn, yě rén rén dōu xiǎng dāng jūn zhǔ ā! Zhè jiù shì wéi shén me Xǔ yóu, Wù guāng zài hòu dài jué jì ér tīng bù dào le。 suī rán jūn zhǔ de zhí fèn nán yǐ fēn míng, dàn shì yòng duǎn zàn shí jiān de huāng yín xiǎng lè, bù zhí dé qù huàn qǔ wú qióng wú jìn de bēi āi, jí shǐ shì yú chǔn de rén yě néng míng bai zhè ge dào lǐ ā!

(2) 한국어 스토리텔링(韩语 讲故事)

* 중심어 : 고대의 군주 - 후대 군주의 행위에 대한 비판 - 송 이학가의 군주 개념 - 군주의 직분

(3) 중국어 스토리텔링(汉语 讲故事)

* 중심어(关键词) : 古代君主 – 对后代君主的批评 – 宋代理学家关于君主概念 – 君主的职分

고대 한어 스토리텔링

| 응용편 |

초판 인쇄 2016년 8월 25일
초판 발행 2016년 9월 1일

지은이 박재우 · 임원빈 · 정병윤 · 왕러(王樂)
발행인 김인철
총괄 · 기획 장지호 Director, University Press
편집장 신선호 Executive Knowledge Contents Creator
도서편집 김민정 Contents Creator
진수연 Contents Creator
전자책편집 최인우 Chief e-Contents Creator
마케팅 곽용창 Chief Marketing Creator
재무관리 권미경 Chief Managing Creator
김은혜 Managing Creator
발행처 한국외국어대학교 지식출판원
02450 서울특별시 동대문구 이문로 107
전화 02)2173-2493~7
팩스 02)2173-3363
홈페이지 http://press.hufs.ac.kr
전자우편 press@hufs.ac.kr
출판등록 제6-6호(1969. 4. 30)
디자인 · 편집 (주)이환디앤비 02)2254-4301
인쇄 · 제본 네오프린텍 02)718-3111

ISBN 979-11-5901-114-6 14720 정가 16,000원
ISBN 979-11-5901-061-3 (세트)

*잘못된 책은 교환하여 드립니다.

HUINE은 한국외국어대학교 지식출판원의 어학도서, 사회과학도서, 지역학 도서 Sub Brand이다. 한국외대의 영문명인 HUFS, 현명한 국제전문가 양성(International +Intelligent)의 의미를 담고 있으며, 휴인(携引)의 뜻인 '이끌다, 끌고 나가다'라는 의미처럼 출판계를 이끄는 리더로서, 혁신의 이미지를 담고 있다.

이 책의 음원(mp3)은 한국외국어대학교 지식출판원 홈페이지(press.hufs.ac.kr) – 게시판 – 자료실에서 다운받아 사용하시기 바랍니다.